Mohamed Amjahid

Let's Talk About Sex, Habibi

Mohamed Amjahid

LET'S TALK ABOUT SEX, HABIBI

Liebe und Begehren von Casablanca bis Kairo

PIPER

Mehr über unsere Autorinnen, Autoren und Bücher:
www.piper.de

Von Mohamed Amjahid liegen im Piper Verlag vor:
Der weiße Fleck
Let's Talk About Sex, Habibi

Der Autor dankt dem Thomas Mann House in Los Angeles für das Fellowship und dem Berliner Senat für das Arbeitsstipendium.

Unser Versprechen für mehr Nachhaltigkeit
• Klimaneutrales Produkt
• FSC®-zertifiziertes Papier
• Hergestellt in Europa

FSC www.fsc.org
MIX
Papier | Fördert gute Waldnutzung
FSC® C083411

ISBN 978-3-492-06316-6
3. Auflage 2023

Karten: Marlise Kunkel, München
Satz: Fotosatz Amann, Memmingen
Gesetzt aus der Arno Pro
Litho: Lorenz & Zeller, Inning am Ammersee
Druck und Bindung: CPI books GmbH
Printed in the EU

Inhalt

Prolog

Es liegt auf der Hand, dass Völkerverständigung am besten über Liebe betrieben werden kann: käufliche Liebe, liebevollem Sex, sexuellem Begehren. Indem man in die Schlafzimmer, unter die Schleier, eben in die Liebesleben der Menschen blickt, bekommt man ein wohliges Gefühl für die Kulturen, die einem zunächst fern und exotisch erscheinen mögen – davon bin ich überzeugt.

Als Reporter habe ich in den vergangenen Jahren viele Regionen Nordafrikas besucht, mit unzähligen Menschen zwischen Casablanca und Kairo gesprochen, aufwendige Recherchen zu Papier gebracht. Auch weil ich selbst in Marokko aufgewachsen bin und zum Land seit Jahren arbeite, kann ich berichten: Maroks sind Weltmeister*innen im Spaßhaben. Und genau diese orgasmische Lockerheit möchte ich einer breiten Leser*innenschaft mitgeben.

Denn nicht erst seit der sogenannten Kölner Silvesternacht wurde über die Sexualität der Nordafrikaner*innen verhandelt, ohne mit Nordafrikaner*innen selbst zu sprechen. Es fing mit dem Kolonialismus an, dass afrikanische Körper im literarischen Kanon und der eurozentrischen Erzählung der Menschheitsgeschichte anders gemacht wurden. Vorurteile, Desinformation, Orientalismus und Fetischisierung dominieren bis heute das

Gespräch über (Nord-)Afrika in Deutschland und Europa. Ich würde ja behaupten, dass viele Menschen in Europa sehr wenig über das benachbarte Nordafrika wissen, dafür aber viele Vorurteile über diese sehr diverse Region pflegen. Ich habe mir schon so einige erstaunte Aussagen über mich selbst anhören müssen: Ich sei »soft«, »pittoresk« oder »für einen Mohamed irgendwie sehr fortschrittlich«, mal begleitete diese Aussagen ausgesprochen oder unausgesprochen der Zusatz »für einen nordafrikanischen Mann«. Egal, wie dieser auch immer in den Vorstellungen der Europäer*innen zu sein hat: Wir müssen als Menschen fair, geschichtsbewusst, faktenbasiert, empathisch und auf Augenhöhe aufeinander blicken, miteinander sprechen und zusammenleben.

In meinen beiden ersten Büchern *Unter Weißen* und *Der weiße Fleck* geht es um Privilegien und die Emanzipation von verletzbaren Minderheiten. Ich *musste* als von Rassismus betroffener Autor diese Bücher schreiben. Und ich habe sie gerne geschrieben, um meinen Beitrag zu leisten: zum Abbau historisch gewachsener Strukturen und Machtgefälle nach dem Kolonialismus. Dieses, mein drittes Buch, baut auf diese emanzipatorische Perspektive der Selbstermächtigung auf und verknüpft sie mit dem mediterranen Savoir-vivre, nach dem sich so viele Europäer*innen – nicht nur beim Strandurlaub – sehnen. Mehr ist dies aber ein Text, den ich unbedingt schreiben *möchte*. Mit anderen Worten: Ich habe diesmal richtig Bock.

Mit Erinnerungen aus meiner Pubertät, Begegnungen mit Frauen und Queers und der Betrachtung von Verletzbarkeiten möchte ich das facettenreiche Nordafrika mit meinen Leser*innen bereisen. Ich möchte mich auf die Spuren einer weitverbreiteten toxischen Männlichkeit und des feministischen Befreiungskampfes begeben. Einen kritischen Blick wagen auf das Verhältnis von Glaube, Tradition und Körperlichkeit, das andauernd bestimmen möchte, wen ich bitte schön zur Braut nehmen soll.

An dieser Stelle muss ich einen Hinweis loswerden: In diesem Buch kommen explizite Sprache und Erzählungen zu sexualisierter Gewalt und der Diskriminierung von verletzbaren Gruppen und Individuen vor. Diese Menschenfeindlichkeit ist Teil der Realität und kann nicht ausgeblendet werden. Dies ist ein sehr persönliches, erzählendes Sachbuch. Bedeutet: Alle Beschreibungen sind wahr, sie dienen als Fallbeispiele und Zugänge zu universal wichtigen Fragen. Um die Anonymität meiner Protagonist*innen zu wahren, habe ich die meisten Namen abgekürzt oder geändert, teilweise habe ich meine Beziehung zu den beschriebenen Menschen unkenntlich gemacht. Auch weil ich nicht immer die Möglichkeit hatte, sie um Erlaubnis zu bitten, in diesem Buch vorzukommen. Um Erzählungen abzugleichen und Fakten zu checken, habe ich lange mit anderen Menschen über meine Erinnerungen gesprochen, unter anderem mit meiner Mutter und meinen Schwestern. Denn einige Anekdoten liegen sehr weit in der Vergangenheit, in einer Zeit, bevor ich angefangen habe, als Reporter und Anthropologe Tagebücher zu schreiben.

Aber genug des Vorworts: Ich möchte diese (Reporter-)Tagebücher nun öffnen, ich will meinen Leser*innen so den Alltag am südlichen Mittelmeer näherbringen, den arabischen Witz übersetzen, das Lebensgefühl der Menschen dort transportieren. Ich möchte die Anliegen und Sehnsüchte der Nordafrikaner*innen in den Fokus dieses Buchs stellen, sie – wo immer es auch geht – für sich selbst sprechen lassen und damit aufzeigen, wie geil es sein kann, sich aufrichtig auf »andere« Gesellschaften einzulassen.

Let's talk about Sex, Habibi!

Kondome und die Salafi-Apotheker

Sex ohne Schwangerschaft? Ohne sexuell übertragbare Krankheiten? Kondome sind da eine gute Wahl. Zumindest wenn ein Penis in die ganze Sache involviert ist und das Glied nicht zu so 'nem Typen gehört, der es partout blank irgendwo reinstecken *muss*, egal was das Gegenüber möchte, weil es sich sonst »nicht echt anfühlt« … Halt doch die Fresse und zieh dir einfach eins über!

Was ich aber eigentlich erzählen will: Ich habe in meinem Leben schon überall in Nordafrika Kondome käuflich erworben, wie man im Kapitalismus so schön sagt. In Deutschland geht man dafür in den Supermarkt (und wundert sich über die limitierte Auswahl) oder in die Drogerie (und ärgert sich über die horrenden Preise) oder zum Automaten (der auch im Jahr 2022 weiterhin nur 2-Euro-Stücke nimmt, die man natürlich *nie* dabeihat). In Tunesien, Algerien, Ägypten und Marokko geht man für Kondomshopping in die Apotheke. Dort wird man als Kund*in schnell in mal unangenehme und mal erkenntnisreiche Gespräche verwickelt.

Tunis

Die Sonne knallte erbarmungslos auf meinen Kopf, und ich irrte bei einer Recherche mitten in der Hauptstadt Tunesiens umher. Ich starrte – von der Hitze benommen – auf die Menschen, die an einer Tram-Haltestelle herumschwirrten. Im Geografieunterricht in Marokko hatte ich vier Fakten über sie gelernt: Die Tunesier*innen leben in einem kleinen Land, haben mit das höchste Pro-Kopf-Einkommen Nordafrikas, werden von einem autokratischen Polizeistaat unterdrückt, und sie können null kochen. Das mit der Autokratie war seit August 2013 fürs Erste Geschichte, der Rest stimmte.

Den Tunesier*innen wird auch nachgesagt, dass sie – gesellschaftlich betrachtet – besonders progressiv seien. Frauenrechte, Religionsfreiheit und sexuelle Befreiung: alles easy und viel besser als in so manchem Mitgliedsstaat der Europäischen Union, wie Polen zum Beispiel. Immerhin hatte Habib Bourguiba, Tunesiens erster Präsident nach der Unabhängigkeit von der französischen Besatzung, im Fastenmonat Ramadan tagsüber und öffentlich einen Orangensaft geschlürft und eine Zigarette dazu geraucht. Diese geschmacklich fragwürdige Kombination fand im Jahr 1958 statt. Zur damaligen Zeit undenkbar in einem anderen mehrheitlich muslimischen Land, heutzutage hier und da auf jeden Fall unmöglich.

Also stieß ich – das Image der grenzenlosen Progressivität Tunesiens im Hinterkopf – mit Schwung die Tür zur kleinen Apotheke an der Tram-Haltestelle auf. Jede noch so kurze Pause vor den Sonnenstrahlen war willkommen, und ich wollte sowieso eine Packung Sodbrennen-Blocker (die tunesische Küche ist wirklich nicht mein Ding) und Kondome kaufen.

Hinter der chaotischen Glastheke, in der sich alte Flaschen mit Sonnenmilch und Babymilchpulver stapelten, lugte ein Mann hervor. Er hatte eine kleine weiße Gebetsmütze auf, die ihn direkt als orthodox-gläubig erkennbar machte. Dabei hätte er den Strickstoff auf dem Kopf gar nicht dafür gebraucht: Am minutiösgerade rasierten 8-Tage-Bart und dem beachtlich großen und dunklen Gebetsfleck auf der Stirn konnte ich schnell erkennen, dass es sich hier um einen besonders überzeugten Bruder handelte. In Nordafrika wird zwischen jenen »Geschwistern« differenziert, die für sich orthodox leben, und anderen, die politisch ihren Glauben der Gesellschaft aufzwingen wollen. Vom parteipolitischen Islam haben sich – Allah sei dank – in den vergangenen Jahren immer mehr Menschen in der Region abgewendet. Schon damals wusste ich, dass sich einige von ihnen durch eine Art Schönheitsoperation den Gebetsfleck auf der Stirn vergrößern ließen. Je imposanter der Fleck, desto ausgiebiger und intensiver der Niederwurf vor Allah im Gebet. Oder eben nicht, wenn man chirurgisch nachhelfen muss.

Dennoch rutschte mir das Herz in die Hose, als ich auf seiner Stirn den Gebetsfleck sah, der sich vor meine frisch geblendeten Augen wie der Mond vor die Sonne schob. Ich weiß nicht, ob mein sommerweichgekochtes Hirn meinem Herzen einfach nicht schnell genug in die Hose folgen konnte oder mein Kopf wieder mal in diesen Jetzt-erst-recht-Modus schaltete, der mich schon öfter im Leben in missliche Lagen befördert hatte; auf jeden Fall sprudelten beim Hineintreten in den muffigen Laden folgende Sätze aus mir heraus: »Salam Aleikum, Allahs Barmherzigkeit und seine Gnade sei mit euch. Ich hätte gerne etwas Starkes gegen Sodbrennen und eine Packung Kondome.«

Der Bruder schaute mich skeptisch an. Er kramte aus dem Regal hinter ihm eine rote 12er-Packung mit Magentabletten hervor und knallte sie auf den Tresen. Dann fragte er: »Bist du verheiratet?« Ich neigte den Kopf und fragte zurück, ob der Bund der Ehe Sodbrennen fördere. Ich fand den Witz äußerst lustig, merkte aber zugleich erschrocken, dass ich spätestens jetzt im trotzigen Mohamed-Modus gefangen war. Er sagte, dass sein »pharmazeutischer Ehrenkodex« es nötig mache, diese Frage zu stellen, und dass er sogar legal eine Heiratsurkunde verlangen könne, wenn ihm danach sei. Mein Blick schweifte auf eine kleine Vitrine am äußersten rechten Rand des Tresens. Dort waren eine Handvoll Packungen mit der Aufschrift »préservatifs« aufgereiht. Sie waren verstaubt. Seit Jahren hatte in dieser Apotheke niemand Kondome gekauft, so schien es.

Ich scannte die Reihe von rechts nach links und bat ihn, mir die größte und teuerste Packung zu geben. 65 tunesische Dinar (rund 20 Euro) stand auf dem Etikett. Dabei war »größte Packung« mit nur 12 Kondomen relativ. Aber hier ging es ums Prinzip, und der Apothekenbruder spürte meine Energy. Er überlegte kurz und schloss dann die Vitrine auf. Profitgier schlägt »pharmazeutischen Ehrenkodex« dachte ich mir und fühlte mich wie der arabische Dildo-König.

Während eine extreme Auslegung des Christentums darauf abzielt, Kondome ganz zu verbieten, damit sich jedes weibliche Ei und jedes Spermium in kleine Ministrant*innen verwandeln, ist es dem Muslimbruder wichtiger, dass es keinen außerehelichen Sex gibt. Innerhalb der Ehe geht für ihn bestimmt auch viel. Verhütung ist selbst für viele orthodoxe Muslim*innen kein Problem. Der Apotheker schien mir ein wenig baff, als könnte er es selbst nicht recht glauben, dass seine Hände nun eine winzige Plastiktüte über die Kondompackung stülpten. Ich bat ihn noch überheblich um eine größere Packung Magentabletten, bezahlte mit den größten Scheinen, die ich in meinem Portemonnaie hatte, und nahm die kleine Plastiktüte wie eine Trophäe mit in die Hitze der Stadt.

Oran

Dass es mit diesen Apothekenbrüdern auch anders geht, zeigt ein Kondomkauf etwas mehr als ein Jahr später in der westalgerischen Stadt Oran. Auch hier habe ich mich an die wichtigsten

Fakten aus dem Geografieunterricht in meiner marokkanischen Grundschule erinnert: Die Algerier*innen leben in einem Staat, der sich vor allem mit den Einnahmen aus der Öl- und Gasförderung am Leben hält und deswegen unabhängiger von Steuereinnahmen ist. Sie lassen fast keine europäischen Touris in ihr Land und vergeben nur wenige Visa (weil sich hier Ausländer, vor allem aus Frankreich, schon mal schlecht benommen haben), dennoch sprechen viele Algerier*innen gerne und gut Französisch. Fakt ist auch: Das Trauma des Bürgerkriegs in den Neunzigerjahren haben die meisten Algerier*innen nicht überwunden. Damals, nach dem Sieg der Islamisten bei der Parlamentswahl 1991, war zwischen den politisch-religiösen Kräften und dem Militär ein erbitterter Machtkampf entbrannt. Das Land war in eine blutige Kriegsdekade um Deutungshoheit, Identität und Ressourcen versunken.

Vielleicht lag es auch an dieser schmerzvollen Geschichte, dass der Muslimbruder in der hellen, aufgeräumten Apotheke im Zentrum der Stadt so ganz anders war, als ich es mir zunächst einbildete. Der Laden befand sich in einem schneeweißen Gebäude aus der französischen Kolonialzeit. Es war November, angenehmes Wetter, mein Kopf war kühl. Dennoch schaltete ich beim Anblick seines Gesichts samt Bart und Gebetsfleck innerlich wieder in den besagten Modus, auch wenn er, im Gegensatz zu seinem tunesischen Kollegen, keine weiße Strickmütze auf dem Kopf hatte.

»Ich hätte gerne Kondome«, sagte ich entschlossen. Er lächelte mich, ja flirtete mich förmlich an, bat mich, ihm in den Verkaufsraum hinter der Kosmetikabteilung zu folgen, und zeigte mir ein üppig bestücktes Regal. Egal was die verantwortungsbewusste Libido begehrte, es war dort zu haben: extradünn, genoppt, Tuttifrutti, Größen M bis XXL, schwarz oder beige, teuer oder ein bisschen weniger teuer, Markenprodukt oder No-Name. Ich schaute zum Bruder, nickte und bedankte mich. Damit wollte ich signalisieren: Okay, lass mich jetzt mal bitte kurz alleine in Ruhe schauen.

Aber er wollte nicht von meiner Seite weichen. Zuerst dachte ich, dass er darauf achten wollte, dass ich nichts klaue, aber dann wurde mir klar: Er wartete darauf, mich beraten zu können. Ich griff nach einer Packung, auf der die französischen Worte »transparent et inodore« (durchsichtig und geruchsneutral) standen. »Excellent choix, Monsieur!« Ich hätte eine ausgezeichnete Wahl getroffen, sagte er, als wäre er der zuvorkommende Garçon in einem Michelin-Restaurant. Und fügte hinzu, dass die meisten Menschen sowieso von diesen fancy Kondomen überfordert seien. »Wer will schon, dass das Schlafzimmer wie ein Kaugummi riecht?« Der zumindest äußerlich als orthodox lebender Muslim zu erkennende Mann zeigte auf die billig anmutende Tuttifrutti-Packung, auf der Bananen, Ananas und Erdbeeren abgebildet waren. Ich konnte seiner Expertise nur zustimmen.

Zwar gelten die Algerier*innen nicht als superprogressiv, so wie ihre Nachbar*innen in Tunesien. Aber mir ist in der Vergangenheit schon hier und da ein algerisches *Laisser-faire* begegnet. Mir kam vor dem Kondomregal in Oran zwangsläufig eine Szene aus einem algerischen Spielfilm in den Sinn, in der das Höschen einer Schauspielerin ihre Beine heruntergleitt. Damit wollte die Regie signalisieren: Jetzt wird gefickt – ohne den Akt selbst zu zeigen. Undenkbar im marokkanischen TV der Neunzigerjahre. Meine Mutter hatte vor dem Fernseher geflucht und gesagt, dass *die* richtig unverschämt seien in Algerien. Der Kolonialismus habe *denen* die Moral ausgetrieben.

Ich atmete tief durch, beförderte mich aus dem sexy Flashback wieder zurück in die Apotheke im Zentrum von Oran und versuchte, mir die Überraschung nicht ansehen zu lassen. Immerhin war ich davon ausgegangen, dass ich Fragen wie »Bist du verheiratet?« mit Witzen werde ausweichen müssen. Stattdessen befand ich mich quasi mitten in der musulmanischen Version der Kondomwerbung mit Hella von Sinnen von 1989. In diesem legendären Spot ruft eine Kassiererin quer durch den Supermarkt, »Tina, wat kosten die Kondome?«, und der Kunde an der Kasse möchte am liebsten im Boden versinken. Nur eine ältere Kundin löst die unangenehme Stille auf, weil sie weiß: »2,99, die sind im Sonderangebot.« Dieses Schauspiel hatte meine Mutter vor dem Fernseher damals sehr, sehr lustig gefunden und die Werbung gerne als *Running Gag* zitiert. Nix da mit Moral.

Der Bruder in der Apotheke nahm derweil eine große, dicke Tube in die Hand und zeigte damit auf meinen Körper. Vielleicht war er nur ein guter Verkäufer? Vielleicht bekam er für jedes verkaufte Produkt eine kleine Provision? Vielleicht war er einfach sexuell befreit im Kopf? Auf jeden Fall wollte er mir noch das passende geruchsneutrale Gleitgel zu den Kondomen andrehen. Ich schaute zuerst auf den horrenden Preis auf dem Etikett, dann in die Mitte der geräumigen Apotheke, wo wartende Kundinnen sich die Zeit mit Lauschen und Gaffen vertrieben, und lehnte dankend ab. Ich überreichte das Geld passend und verschwand ohne weiteren Blickkontakt aus meinem persönlichen Werbespot-Albtraum.

Kairo

Spätestens jetzt stellen sich zwei Fragen:

Erstens: Warum hat der Mohamed einen so großen Kondombedarf?

Die Antwort liegt, denke ich, auf der Hand. Außerdem verschenke ich oft welche, sicher macht mehr Spaß.

Zweitens: Warum sucht der Mohamed überall nur muslimbruderschaftliche Apotheken auf?

Tatsächlich gibt es einige Berufe, die bei sehr gläubigen Muslim*innen sehr beliebt sind. Dazu zählen (aus meiner eigenen empirischen Forschung und Umfragen in meinem Freundeskreis) folgende Bereiche: Handel (vor allem mit Textilien, Haushaltswaren und Kosmetik), Zahnmedizin und eben Pharmazie.

Konsum und Heilung also. Alles, was die Kernfamilie und damit die Gesamtgesellschaft glücklich und kräftig macht.

Nach der Revolution in Ägypten Anfang 2011 war ich mehrfach am Nil für Studien- und Rechercheaufenthalte, manchmal auch monatelang am Stück. *Plenty of time,* Kondome einzukaufen. Ich musste eh oft in die Apotheke, weil die kohlenhydratbelastete und übertrieben fettige ägyptische Küche meinem Magen zu schaffen machte. Sodbrennen-Blocker und Kondome standen oft auf meinem Einkaufszettel. Ich habe sie deswegen alle gesehen: »Kein Sex vor der Ehe«-Brüder, »Darf ich Ihnen dazu noch das passende Gleitgel empfehlen«-Brüder oder, wenn auch selten, einfach nur Apotheker*innen, die ihren Job kommentarlos machten.

Besonders in Erinnerung ist mir der Besuch einer Apotheke in einem überdimensionalen Einkaufszentrum im Kairoer Stadtteil Heliopolis geblieben. Am Haupteingang des Konsumtempels – der Gold und Diamanten, teure Uhren und andere Luxusgüter anbietet – war ich zunächst abgewiesen worden. »Samstag ist Familientag«, hatte der Sicherheitsmann gesagt. Ich hatte spontan und sehr wütend erwidert: »Wie dumm, dass du meine Kreditkarte und Devisen abweist!« Und stampfte dann einige Schritte weg. Ich musste aber unbedingt in die blöde Shoppingmall, weil ich dort mit jemandem verabredet war. Ich rief also meinen Interviewpartner an, der mir sagte, dass es easy sei, trotzdem in das Einkaufszentrum zu gelangen: einfach den Eingang über das benachbarte Fünfsternehotel nehmen. Und tatsächlich klappte es, den erzkonservativen Kapitalismus mit einem kleinen Umweg auszutricksen.

Natürlich steckte meine Verabredung noch im Kairoer Megastau fest, ich konnte also schnell einige Dinge besorgen. Ich suchte gezielt nach der Apotheke, die eher wie eine zu grell ausgeleuchtete Parfümerie aufgemacht war. Eine Verkäuferin, übertrieben geschminkt und mit einem glitzernden Kopftuch, sprang zwischen den Regalen herum. Sie beobachtete offenbar voller

Glück, wie ich die Kondompackungen inspizierte. Dann kam sie auf mich zu und fragte breit grinsend: »Kann ich dir behilflich sein?« Ich schüttelte den Kopf und sagte, dass ich schon gefunden hätte, was ich suchte. »Bist du aus Dubai?«, fragte sie mit großen, funkelnden Augen weiter, so als würden wir auf der Datingseite muslima.com chatten. Ich dachte nur »O my God, sehe ich so aus wie ein reicher Prinz aus den Emiraten?« und schüttelte gleichzeitig den Kopf. »Marokko«, erwiderte ich. Normalerweise folgte dieser Information immer ein kleiner Plausch. Diesmal aber nicht. Mit einem Wimpernschlag knipste die Verkäuferin das Leuchten in ihren Augen aus, fuhr das Lächeln zurück, drehte sich um und ging enttäuscht zurück an die Kasse. An einem sexuell aktiven Emirati mit Investments an der New York Stock Exchange, einem Tresor am Genfer See und Immobilien in Dubai war sie offensichtlich interessiert, an jeder anderen Person eher nicht. Sie kassierte stumm das Geld und sagte noch nicht mal Tschüss. Ich war ein bisschen gekränkt, um ehrlich zu sein.

Meine Verabredung erklärte mir später, dass das Einkaufszentrum ein Treffpunkt für frisch verliebte Jugendliche sei. Sie kämen hierher, teilten sich einen Frozen Yoghurt, atmeten die frostige Luft aus den Klimaanlagen ein und schauten sich tief in die Augen. (Spät-)Pubertierende Singles (jeden Geschlechts) würden manchmal auch einfach vorbeikommen, um den Vibe einzusaugen und davon zu träumen, demnächst auch einen überzuckerten und viel zu teuren Frozen Yoghurt mit der Liebe ihres Lebens zu teilen. Konservative Familien würden sich gestört fühlen bei so vielen Hormonen in der Luft, erklärte mir mein Gesprächspartner bei – natürlich – einem Frozen Yoghurt. Deswegen habe sich das Center-Management irgendwann dafür entschieden, nicht verheirateten Pärchen und vor allem alleinstehenden Männern an einigen Samstagen den Zugang zu verweigern. Ob die Apothekerin dachte, dass ich sie als Zweit- oder Drittfrau mit in mein Luxusleben nach Dubai nehmen würde?

Meknès

Das erste Mal Kondomshopping werde ich nie im Leben vergessen. Wahrscheinlich werde ich mich sogar über meinen Tod hinaus daran erinnern. So massiv prägend war diese Erfahrung. Denn ich hatte als 16-jähriger Gymnasiast bei dieser Mission eine sehr spezielle Person im Schlepptau. Oder sie mich?

Es war meine eigene Mutter, die sich mit mir in eine Apotheke begab, um eine kleine, unscheinbare und doch politisch so aufgeladene Sache zu kaufen. Als ich sie vorab gefragt hatte, hatte sie listig lächelnd geantwortet: »Ja klar gehe ich mit!« Auch weil sie wusste, dass einige Brüder hinter den Theken dumme Anmerkungen machen und Mama ihren Prinzen niemals in so eine unangenehme Situation laufen lassen würde. »Mir und meinem Tuch auf dem Kopf können die nix erzählen«, hatte sie gesagt.

Die Tür zur Apotheke war zwischen einem Bankautomaten und dem Eingang zu einem Supermarkt eingeklemmt. Ein junger Mann stand hinter dem Tresen. Er trug keine Strickmütze, keinen Bart, hatte keinen Gebetsfleck auf der Stirn. Er begrüßte uns beide mit einem »Bonjour« und fragte, was er für uns tun könne. Jetzt muss man wissen, dass meine Mutter übertrieben viel Fantasie besitzt. An dem Tag war sie die perfekte Schauspielerin, die marokkanische Scarlett Johansson, die natürlich mit einem Fingerschnippen in *jede* Rolle schlüpfen kann. In der Apotheke war sie die coole Mom, die ihrem Sohn wie selbstverständlich eine Packung Kondome kaufte. Schließlich schrieben wir das Jahr 2004.

Der junge Apotheker verstand die Welt nicht mehr, das war an der Schockstarre seines Gesichts klar zu sehen. Da stand diese ältere Dame vor ihm, die großen Wert darauf legt, dass sie Hadscha genannt wird – was so viel wie »nach Mekka gepilgert« bedeutet und eine religiöse Verwurzelung ausdrücken soll –, und fragte eiskalt nach Kondomen. Doch der Apotheker konnte, da hatte meine Mutter recht, der Autorität des Kopftuchs nichts entgegensetzen. Er zeigte auf die Auswahl an Kondomen, die er zu bieten hatte. Meine Mutter drehte sich zu mir um und fragte, ob die kleine Packung mit drei Kondomen reiche oder ich doch die große Packung brauche. »Sicher ist sicher, lieber die große Packung. Oder?«, sagte sie. Ich erwiderte (mit aufgerissenen Augen und zusammengepressten Zähnen), dass wir jetzt ohne Theater die kleine Packung kaufen und verschwinden sollten. Meine Mutter wandte sich aber wie in einem dramatischen Kammerspiel an den Apotheker und fragte nach dem Preis, obwohl er deutlich auf der Packung und am Regal zu lesen war. »Das ist zu teuer!«, sagte sie. Und ich versank von jetzt auf gleich im Boden. Ein Loch brach unter meinen Füßen auf. Ich fiel hinein. Physisch habe ich den Sturz in meinen Beinen, in meiner Brust gefühlt. Es war dunkel und kalt da unten im Loch, ich wollte nie wieder raus.

»Willst du ihn jetzt bei den Kondomen runterhandeln, oder was?«, zischte ich neben ihr, und der Apotheker beteuerte, dass alle Preise in der Apotheke fix seien. Man könne an diesem Ort prinzipiell nicht verhandeln. Das beträfe auch die Preise für Kondome. Ich legte das Geld in die Münzschale, er schaute mich verzweifelt an, so als wollte er sagen: WHAT THE FUCK, BRUDER? WAS PASSIERT HIER GERADE? WARUM SEID IHR SO? Dann gingen wir raus. Meine Mutter verabschiedete sich mit einem floskelhaften: »Möge Gott deine Eltern segnen.«

Schwanzvergleich

Die Kondome, die ich mit meiner Mutter gekauft hatte, brauchte ich für ein Referat in der Schule. Normalerweise gibt es so etwas wie Referate nicht im marokkanischen Frontalunterricht. Aber ich war halt ein komischer Schüler und überredete den Biologielehrer, uns ein bisschen reden zu lassen. Auch damit der Unterricht etwas interessanter wurde. Er willigte ein – und sollte es bald bereuen.

Hauptthema in diesem Schuljahr, das auch relevant für die Abinote war: die menschliche Fortpflanzung. Selbst die Rowdys, die den Unterricht meistens schwänzten, erschienen zum Biologieunterricht auf Arabisch und auf Französisch. Jedes Thema wurde zweimal durchgenommen. Doppelt hält besser. Alle wollten wir bis ins kleinste Detail wissen, wie Sex funktioniert, einige wollten wissen, wie Babys gemacht werden. Während einige Referatsgruppen den weiblichen Zyklus vorstellten, die Anatomie von Spermien oder die Funktionsweise von Milchdrüsen in der weiblichen Brust erklärten, sich also für sachliche Fragen und Körperfunktionen interessierten, drehte ich in meinem Kopf »You Can Leave Your Hat On« von Joe Cocker auf superlaut. Ich meldete mich freiwillig für den Höhepunkt: richtig verhüten und Spaß dabei haben.

Eigentlich war Sex keine so große Neuigkeit für uns Schüler*innen. Die menschliche Sexualität war schon seit den Achtzigerjahren fester Bestandteil des Biologieunterrichts in Marokko. Zumindest waren meine Schulbücher aus den Jahren 1980 bis 1985 voll damit. Zum Abschluss jeder Schulform ragten Schaubilder von Penissen und Vaginen aus dem Biologieheft: In der sechsten Klasse (Ende der Grundschule), neunten Klasse (Ende der Sekundarstufe) und zur dreijährigen Abiturphase am Gymnasium. Die Darstellung der Genitalien im Grundschulbuch hatte sogar kleine gezeichnete Schamhaare im Angebot. Mit zwölf haben wir gelernt, dass Kondome vor HIV und ungewollten Schwangerschaften schützen. Auch wenn die Lehrerin betonte, dass monogame Ehen und die Furcht vor Allah am effektivsten seien. Rechtzeitig rausziehen, wie sie uns unmissverständlich mit ihren Händen darstellte (sie formte mit der linken Hand einen Kreis, steckte den Zeigefinger rein und zog ihn schnappartig wieder raus), schütze ein bisschen vor ungewollten Schwangerschaften. Ziemlich fataler Tipp, wie einige später selbst herausfinden sollten. In den aktuellen Schulbüchern fehlt diese Verhütungslüge zum Glück.

Aber zurück zu meinem Referat: Zur Vorbereitung hatte ich die Gebrauchsanweisung aus der Kondompackung gelesen, im Internet recherchiert und die Kondome praktisch ausprobiert. Der Klasse erzählte ich zuerst was über die Anwendung der Pille für die Frau und stellte die Frage in den Raum, warum es eigentlich keine Pille für den Mann gibt. Ich erklärte, dass »rechtzeitig rausziehen« große Disziplin erfordere, die wenige bis gar keine Typen aufbringen könnten. Ich merkte an, dass das Berechnen der fruchtbaren Tage ebenfalls nur eine bedingt sichere Methode der Verhütung sei. Und das alles ja sowieso nicht bei sexuell übertragbaren Krankheiten helfe. »Chlamydien wandern auch ohne Befruchtung gerne von einem Genital zum anderen«, erklärte ich. Kichern im Raum. Das Gesicht des Lehrers lief derweil rot an. Als ich dann auch noch eine Banane auspackte und fest in meine linke Hand nahm, hatte er definitiv genug. Er sagte, dass ich nun die Verantwortung für die öffentliche Ordnung trage, und floh aus dem Klassenraum. Normalerweise würde in so einem Moment der absoluten Anarchie eine riesige Party in der Klasse steigen, Jungs würden auf die Tische klettern und tanzen, jemand würde virtuos auf dem hastig entleerten Papierkorb trommeln, die Mädels würden singen und freudig Ululationen herausschreien. Aber alle blieben ruhig und still und wie versteinert auf ihren Plätzen sitzen. Sie warteten gespannt darauf, was passieren würde. Keiner von ihnen regte sich aus moralischen Gründen auf.

»Das Reservoir oben am Kondom fest drücken, damit die Luft entweichen kann«, erklärte ich und rollte dann das Latex langsam und genüsslich mit meiner rechten Hand auf die steife Banane. Ich informierte meine Mitschüler*innen außerdem darüber, dass es auch ein bisschen auf die Anatomie des Penis ankomme. Nicht mit jedem Produkt ließe sich der maximale Tragekomfort erreichen. »Wenn es zwickt, schützt es nicht wirklich.« *Valla,* die Kondomindustrie hätte mich für dieses Referat bezahlen sollen. Meine Mitschüler*innen hingen mir an den Lippen, Fingern, Sätzen. Ich erklärte, wie das mit dem Gleitgel funktionierte und warum Latex niemals mit öligen Substanzen angewendet werden dürfe. »Sonst wird das Kondom brüchig, und ihr habt neun Monate später ein Baby, das ihr euren Eltern erklären müsst.« Einige Mädchen schauten zugleich schüchtern und skeptisch und aufgewühlt, machten sich aber sicher im Kopf Notizen. Am Ende meines Referats, ich schilderte, wie man ein volles Kondom sicher entsorgen könne, entbrannte tosender Applaus – das Zeichen für den Lehrer, wieder ins Klassenzimmer zu kommen. »18 von 20 möglichen Punkten.« Er zog mir zwei Punkte wegen meiner angeblich übertriebenen Schamlosigkeit und seiner peinlichen Prüderie ab. Die Jungs buhten ihn aus. Ich war auch der Meinung, dass ich die volle Punktzahl verdient hätte.

Später, als die Pausensirene (ja es war wirklich eine Sirene. An meinem ersten Schultag nach unserem Umzug nach Marokko

1995 dachte ich, dass ein Feuer ausgebrochen war und wir alle sterben würden, weil Sirene nun mal, so hatte ich es in Deutschland gelernt, gleich Gefahr bedeute. In Marokko läutet sie einfach die Pausen ein), als also die Sirene heulte, kamen alle Jungs zu mir an meinen Platz und gratulierten mir mit festen, feuchten Handschlägen zu meinem Erfolg. Ich fühlte mich wie Dr. Sommer der ganzen Schule. Ayoub – ein komischer Typ, der seit längerer Zeit völlig von seinen Hormonen gesteuert durch die Welt lief, zwei Jahre zuvor während des Unterrichts vom Französischlehrer beim Masturbieren in der letzten Reihe erwischt wurde und eigentlich immer ein bisschen säuerlich nach Sperma roch –, deutete auf die kondomierte Banane auf meinem Tisch.

Ich erinnerte ihn, dass Kondome nur einmal benutzt werden könnten, und fragte ihn in belehrendem Ton, ob er mir nicht beim Referieren zugehört habe. Er nickte und sagte, er habe sich sogar Notizen aufgeschrieben. Er dramatisierte und schob noch ein zweites »Notizen!« hinterher. Das Kondom wolle er zum Masturbieren nutzen, sagte er schambefreit, so als wolle er gleich einen formalen Antrag dafür vorlegen. Es sei doch schade drum, so ein teures Produkt an eine Banane zu verschwenden. Außerdem wollte er schon immer mal probieren, wie es sich so anfühle mit Kondom. Einige Jungs nickten zustimmend. Ich schenkte ihm die Banane gleich dazu.

Einige Tage später kam Ayoub auf dem Pausenhof aufgeregt auf mich zugerannt, um mir zu danken. Er habe jetzt auch die Kondomexperience hinter sich gebracht. Und es habe sich mehrmals jeweils anders angefühlt. »Mehrmals?«, fragte ich, und er nickte nur. Er könne jetzt sein eigenes Sperma sammeln und als Gleit… Ich stoppte ihn und wunderte mich dabei über so viel Offenheit gegenüber anderen Gleichaltrigen. Ayoub kannte so etwas wie *Boundaries* einfach nicht. Generell waren die meisten Jungs in meiner Abistufe sehr, manchmal zu offen. Ich war eher der Prüdeste von allen. Da war zum Beispiel dieser eine schwule Junge, der war so auf *don't ask, don't tell,* aber alle wussten Bescheid. Der Klassenschönling erzählte Geschichten von seiner Freundin, die sich nicht um ihre Jungfräulichkeit kümmerte. Und Ayoub war einfach ein dauergeiles Schweinchen. Wir nannten ihn auch so wegen seiner abstehenden Nasenlöcher. Es schien ihm egal zu sein, er nannte sich sogar selbst manchmal ironisch Schweinchen und fand diesen Kosenamen vielleicht sogar geil. Zumindest hat er sich nie darüber beschwert und lachte immer mit. Die Mädchen machten verständlicherweise einen riesigen Bogen um Ayoub. Die meisten anderen Jungs nutzten seine Erfahrungen, von denen er freimütig erzählte, sozusagen als Versuchslabor.

Er zeigte seinen hellbraun-blond behaarten Schwanz gerne allen, die ihn sehen wollten oder auch nicht. Zum Beispiel in der Umkleidekabine oder der stets versifften Jungstoilette. Ich war ja in zwölf Jahren kein einziges Mal in der Schule auf Klo, zu sehr habe ich mich davor geekelt. Also hatte ich auch verpasst, wie einige Jungs ihre Beschneidungen dort verglichen. War der Schnitt gerade? Virtuos? Lang? Kurz? Von diesem Wettbewerb, wo dabei sein wirklich alles war, wurde mir erst später berichtet. Und ich ärgerte mich damals doch ein bisschen über meine eigene westdeutsche Prüderie.

Ich wollte im Gymnasium also nichts mehr verpassen. An einem der letzten Tage vor der großen Jahresprüfung hieß es, Ayoub wolle den Jungs etwas Wichtiges zeigen, gleich nach dem Sportunterricht. Die Umkleide roch streng nach Schweiß und anderen Sekreten. Mit Atmen durch den Mund war es gerade noch so erträglich. Allein die Vorankündigung hatte mich heiß gemacht. Natürlich ging es um etwas Sexuelles, es war schließlich Ayoub. Ich musste mir das versprochene Spektakel also unbedingt anschauen. Verschwitzt holte er an diesem famosen Tag nach dem Sport seinen Penis aus der Unterhose. Ich stand etwas abseits, sah zunächst nicht viel, hörte nur, wie jemand ironisch »wow« murmelte und jemand anderes »das ist alles?« seufzte. Ich trat näher, und da hingen sie, die rasierten Genitalien des Ayoub. Sein Penis, so hielt er jetzt sein eigenes Referat, sehe in einem rasierten Umfeld um mindestens zwanzig Prozent länger aus. Seine Hoden seien ohne Haare viel sensibler. Er habe für uns das Experiment gewagt und könne allen nur empfehlen, uns die Schamhaare ebenfalls zu rasieren. Absolutes Daumen und Schwanz hoch! Auf seiner für nordafrikanische Männer sehr hellen Haut sah man direkt, dass er sich mit dem Rasierer mehrfach verletzt hatte. Zumindest sah hier und dort die Haut gereizt und rötlich aus. Bei diesem Anblick verstanden wir alle: Für die Intimrasur braucht es unbedingt Training, Geschick und eine ruhige Hand.

Selbst Hicham, der salafistisch angehauchte Spielverderber, beteiligte sich an der Debatte und diskutierte in der Umkleide, ob es aus Scharia-Sicht gut oder schlecht sei, sich die Schamhaare zu rasieren. Zwar würden einige Scheikhs behaupten, diese spezielle Rasur sei ein Eingriff in den Willen Gottes, der den Menschen halt so geschaffen hatte. Was, laut Hicham, aber hundertprozentiger *Bullshit* war, weil man ja auch zum Friseur ging, um sich die Haare zu schneiden oder den Bart zu rasieren. Außerdem könne man die Rasur von »da unten« – der Klassensalafist nutzte nie explizite Wörter – auch als ein Gebot der Reinheit interpretieren. Es sei hygienischer, die Haare wenigstens ein bisschen und regelmäßig zu trimmen. Ayoub, der die Aufmerksamkeit wieder auf sich lenken wollte, wechselte das Thema. Schließlich hatte er den praktischen Beweis geliefert, dass es sich lohne. Es brauchte dafür keine Freitagspredigt von Hicham. Für das nächste Referat in der Umkleide machte er also eine Ankündigung: Er experimentiere zu Hause mit Gewichten an seinem Schwanz. Ob es tatsächlich klappt mit der *selfmade* Penisverlängerung, sei aber noch nicht spruchreif. Heute mache ich mir unweigerlich Sorgen um seine Gesundheit, wenn ich daran denke. Aber damals war ich 16 Jahre alt und einfach nur gespannt.

Liebe Sünde

Einen Menschen zu verabschieden, den man gar nicht kennt, ist schon etwas befremdlich. Der Schock in den Gesichtern meiner Mutter, meiner Tanten, der Ehefrauen meiner Onkel und der Nachbarinnen rüttelte mich dennoch auf. Tante Rabia hatte im neunten Monat ihrer Schwangerschaft ihr Kind verloren. Die tiefe Verunsicherung der Frauen hatte ich zuvor nur ein einziges Mal gesehen: als im Staatsfernsehen von einem schluchzenden Moderator der Tod von König Hassan II. verkündet wurde.

Die Frauen umarmten sich, wischten sich gegenseitig die Tränen von den Wangen, streiften hastig ihre schwarzen Djellabas über ihre Körper und eilten abends in das Haus meiner Großmutter in der Altstadt. Ich schlief schlecht in dieser Nacht. Nicht nur, weil meine Mama weit weg von mir übernachtete, was sonst eigentlich nie vorkam – ich verstand sofort: Irgendetwas Schlimmes war passiert.

Meine Großmutter war nie wirklich religiös. In den richtigen Momenten fand sie aber wie selbstverständlich ihre Verbindung zu Allah wieder. So, wie es halt passte. Sie drückte mir am Morgen nach der Fehlgeburt 15 Dirham in die Hand und schickte mich zur salafistischen Buchhandlung um die Ecke. Ich rannte enthusiastisch los und machte schon die massive Holztür zur

Straße auf, als meine Großmutter mir nachrief: »Erklär dem Bärtigen, dass wir Koranverse für eine Trauerfeier brauchen. Am besten eine Originalkassette von diesem Starrezitator Abdulbasit Abdullah, oder wie der heißt ... Der aus Ägypten, du kommst schon selbst auf seinen Namen ...«

Eine halbe Stunde später rezitierte eine Männerstimme die Sure *Yasin:* »Geh in den Paradiesgarten ein! Er sagte: Oh, wüsste doch mein Volk davon, dass mein Herr mir vergeben und mich zu den Geehrten hat gehören lassen!« Die Worte klangen pur und klar, der jungfräuliche Magnetstreifen lieferte selbst im klapprigen Kassettenrekorder einen guten Sound. Oma hielt die Augen geschlossen. Sie saß, *badass,* wie sie nun mal ist, im Männerzimmer auf der Kante der Polsterbank unter dem verzierten Gipsbogen.

Von hier aus sah man die Silhouette von Tante Rabia hinter der vergilbten Spitzengardine im Nebenraum gut. Die Frauen waren von den Männern nur durch zwei breite, blau gekachelte Säulen getrennt. Rabias Kopf hing erschöpft nach unten. Meine Mutter streichelte ihr über die Schulter. Fast wäre auch Tante Rabia gestorben. Es grenzt an ein Wunder, dass sie im schmutzigen, überfüllten städtischen Krankenhaus, wo am besagten Abend nur eine Krankenschwester und ein Arzt anwesend waren, überlebt hatte. Ich saß bei den Männern und lugte durch den filigranen Spitzenstoff. Beim Trauerfrühstück in der Küche hatte ich den Frauen gelauscht, wie sie über Rabias Horrornacht sprachen. Ich liebte es als Kind, den Frauen zuzuhören. Sie erzählten die Geschichten aus dem wahren Leben. Mit ausführlichen Epilogen, unglaublichen Cliffhangern und spannenden Plots. Nicht so wie die Männer, die immer nur über die Bombardierung und Besetzung des Irak durch Bill Clinton und Tony Blair philosophierten. Sie redeten viel, verstanden wenig, vielleicht auch weil ihre einzige Quelle Al Jazeera war.

An diesem Morgen war die Erzählung der Frauen in der Küche Furcht einflößend. »So viel Blut überall!«, hatte eine meiner Tanten mehrfach wiederholt. Mir war seitdem schwindelig, ich fühlte mich schlecht. Erst in der vorangegangenen Woche hatte ich mit meinem Cousin Soufiane darüber Witze gerissen, wie Rabia es wohl überlebe, wenn ihr dicker Mann Nourdin nachts auf ihr lag. »Witze gerissen« trifft es nicht genau. Ich lachte verlegen, während sich Soufiane, der Sohn von Tante Touria, über die schmächtige Rabia und den dicken Nourdin lustig machte. Ich konnte mir als Elfjähriger nämlich nur vage erklären, warum sich ein Mann überhaupt auf eine Frau legen sollte oder andersherum. Mein Cousin Soufiane war zwar ein Jahr jünger als ich, er wusste aber mindestens neun Prozent mehr über Frauen und Männer und was sie nachts miteinander warum machten. Ein paar Monate später hatte ich es dann auch selbst kapiert …

Oma drückte auf die Stopptaste. Der zuletzt rezitierte Vers aus der Sure Yasin lautete: »Ihre Worte sollen dich nicht traurig machen. Wir wissen ja, was sie geheim halten und was sie offenlegen.« Nun blickte ein uns unbekannter Imam auf die Anwesenden im Männerzimmer. Er fixierte meine Großmutter, uns Jungs und die älteren Herren. Dieser Imam war nicht annähernd so berühmt wie der ägyptische Starrezitator Abdulbasit Abdelsamad, wie er korrekt heißt. Dass meine Großmutter so kurzfristig am Sonntag aber überhaupt einen Gelehrten gefunden hatte, war genauso ein Wunder wie Tante Rabias Überleben im städtischen Krankenhaus. Der Imam aus der hiesigen Moschee war schon für eine Verlobung und eine andere Beerdigung ausgebucht gewesen, sein Muezzin und Stellvertreter zu einem Beschneidungsfest in ein Bergdorf gefahren. Über acht Ecken war Onkel Youssef auf diesen No-Name-Imam gekommen. An einem Sonntag nimmt man halt, wen man bekommt. Am zweiten Tag nach dem Tod von Maryam, meiner ungeborenen Cousine, sollte eine kurze Predigt die Trauergesellschaft auf andere Gedanken bringen, weiterbilden, bestärken, den richtigen Weg einzuschlagen. Oma wäre am liebsten eine rauchen gegangen, aber selbst sie saß geduldig auf der Sofakante. Noch nie hatte ich sie so diszipliniert erlebt. Das alles musste eine echte Katastrophe sein.

Der Imam räusperte sich. In Zeiten der Dunkelheit und der Trauer, sagte er, sei es wichtig, den Blick nach vorn zu richten. Allah habe für jeden Muslim, ja eigentlich für jeden Menschen, einen Plan. »Maktoub« heiße Niederschrift. Es ist der Plan für das Leben eines jeden Gläubigen. »Und es war für Bébé Maryam«, wie der Imam sagte, »vorgeschrieben, direkt in den Himmel aufzusteigen, ohne durch die Komplikationen des Diesseits irren zu müssen.« Tante Rabia weinte. Ich konnte sie durch die Gardine hören.

»Die Liebe zwischen einem Mann und einer Frau ist der Kitt der Familie und damit der islamischen Gesellschaft im Diesseits«, sagte der Imam weiter. Diese Liebe sorge dafür, dass die Menschheit weiterbestehe, so wie von Allah vorgesehen. Liebe bringe aber Verpflichtungen für beide Seiten mit sich. Liebe koste Kraft, Fleiß und Aufmerksamkeit. Tante Rabia weinte nicht mehr. Längst hatten alle aufgehört, verloren auf das hypnotisierende Muster der Wandkacheln zu starren. Die Trauergesellschaft hörte jetzt konzentriert zu. Und der Imam wusste, dass er die Aufmerksamkeit seines Publikums – vor und hinter der Gardine – wie Zügel in seinen Händen hielt.

»Alles ist erlaubt – außer im After«, sagte er. »Der After eines Menschen ist schmutzig!« Allah möge das gar nicht, schrie er nun fast in das Gesicht des älteren Mannes, der ihm gegenübersaß. Der Hadsch, ein Nachbar von nebenan, verzog seine wuscheligen, grau melierten Augenbrauen. »Analsex: Nein!« Der Imam machte zwischen drei Sätzen immer fünf Sekunden rhetorische Pause, so hatte er das wohl im theologischen Seminar gelernt. Er schaute dabei einzeln in die Gesichter der Männer: Der Prophet Mohammed, Friede sei mit ihm, habe die Gläubigen ermahnt, dass sie sich beim Sex Zeit lassen sollten. »Wichtig ist, lange zu küssen, die Zunge der Partnerin ausgiebig auszulutschen.« Der Imam rieb lustvoll seine Hände aneinander. Küssen sei ein wesentlicher Bestandteil der ehelichen Fürsorgepflicht. Den Ehefrauen einen Orgasmus zu verschaffen auch. »Orgasmen sind kleine Momente, in denen wir Menschen am Paradies schnuppern können. Sorgt dafür, dass eure Frauen am Paradies schnuppern können, damit sie bessere Frauen werden.« Der alte Hadsch hatte seine Augen mittlerweile weit aufgerissen. Oma hatte ihr Pokerface aufgesetzt, durch das sich manchmal ein amüsiertes Lächeln schummelte.

Der Imam sagte, dass es einen Segensspruch gebe, den Eheleute vor jedem Sex aufsagen sollten: »Im Namen Allahs: Halte den Teufel von uns und vom Segen Gottes fern.« Nicht nur bleibe das eheliche Schlafzimmer so teufelsfrei, auch der Sex werde mit dieser Fürbitte besser, versprach er und rieb sich wieder die Hände. Einer der Männer im Raum holte einen zu kurzen Bleistift aus seiner Jackentasche und machte sich auf einem Blatt Papier eine Notiz: »Im Namen Allahs: Halte den Teufel von uns und vom Segen Gottes fern.«

Ich denke, dass ich der Einzige im Männerzimmer war, der nicht ganz verstand, was da gerade passierte. Aber angesichts der vielen hochgezogenen Augenbrauen wurde mir klar: Hier fühlten sich alle etwas überrumpelt. Hatte der Imam tatsächlich gerade lutschen gesagt? Meine Cousins und ich saßen mit offenen Mündern auf den für uns viel zu hohen marokkanischen Polsterbänken. Warum sollte jemand egal was von jemand anderem lutschen wollen? Ich verstand es nicht. Und wieder einmal wäre ich in diesem Moment am liebsten bei den Frauen gewesen. Sie tuschelten hinter der Gardine. Sie wussten, worum es ging. Sie hätten mir alles so erklären können, dass ich es auch kapiert hätte.

Etwas mehr als ein Jahr nach dem Tod von Bébé Maryam kam ihr Bruder Omar gesund zur Welt. Ich weiß noch, wie Tante Rabia erschöpft, bleich im Gesicht, aber überglücklich aus dem privaten Krankenhaus in der Neustadt zurück in das Haus meiner Oma kam. Die Familie hatte diesmal Geld gespart, um die horrenden Behandlungskosten stemmen zu können und die Überlebenschancen von Mutter und Kind in einem besseren Krankenhaus zu erhöhen. Die schlüpfrige Predigt des Imams hatte sich offensichtlich mehr als nur gelohnt.

Hit Me Baby One More Time

Einer meiner sehr komischen Schulfreunde war Ghunaim. Wir waren irgendwie dicke. Zumindest war er einer der wenigen Jungs, zu denen ich nach Hause gegangen bin. Seine Mutter nannte ihn konsequent »Esel«, weil er ihrer Meinung nach dumm war und schlecht in Mathe. Deswegen war sie froh, dass ich manchmal vorbeikam, mit ihm die Hausaufgaben machte und für die großen Prüfungen lernte. Sie servierte uns selbst gemachte Sablés-Kekse und frisch gepressten Orangensaft. Natürlich wusste die Mutter von Ghunaim nicht, dass wir in seinem Zimmer was ganz anderes als Pauken im Schilde führten. Oder sie wusste es – weil Mütter alles wissen – und ließ es halt geschehen.

Ghunaim sprach andauernd über Sex – aber ohne es konkret auszubuchstabieren. Wenn er zum Beispiel sagen wollte, dass er die Fantasie hatte, ein bestimmtes Mädchen in der Klasse zu küssen, dann nannte er ihren Namen und spitzte danach seine Lippen. Er war halt ein gut erzogener Junge. Und in der Sekundarstufe der größte Dealer von Porno-CDs auf dem Schulhof. Genau genommen waren es die Vorgänger der DVD: Video Compact Disc oder kurz VCD. Darauf passten deutlich weniger Daten, aber die Player dafür waren *Made in China* und sehr billig. Also stand in kürzester Zeit in jedem Haushalt so ein Ding, und die Jungs wussten diese neue Technologie nachts, wenn alle schliefen, auf lautlos in den Wohnzimmern auszunutzen.

Ghunaim, der wie ich eher klein und dick war, hatte gute Kontakte zum Angestellten eines *Cyber.* Das waren Garagen in der Nachbarschaft, in denen Computer aufgestellt wurden, damit die Jugend das Internet durchforsten und das Leben mit der neuen Technologie lernen konnte. Eine Stunde kostete 10 Dirham (umgerechnet einen Euro). Man konnte in einigen *Cybers* aber auch hinter einen Vorhang verschwinden: Vorne machten Schüler*innen ihre Hausaufgaben an den PCs, chatteten mit Fremden bei *ICQ, Yahoo-Messenger* oder *MSN,* klickten gelangweilt immer wieder auf *Refresh,* obwohl die angesteuerten Internetseiten höchstens einmal pro Woche aktualisiert wurden. Hinter dem Vorhang hielten ein paar Jungs die Luft an und holten sich vor den Bildschirmen einen runter. Dieser *Cyberspace* funktionierte nach dem Motto: leben und leben lassen. In den dunklen Garagen fand sich die absolute Freiheit.

Ghunaim und ich hatten aber einen großen Vorsprung: Die Rechner in unseren Jugendzimmern hatten zwar zu langsames Internet, um Videos abspielen zu können, aber die Geräte konnten die VCDs, die Ghunaim im *Cyber* heimlich brennen ließ, problemlos auslesen. *Let the music play!*

Und das im wahrsten Sinne des Wortes. Es gab in den 2000ern einen riesigen Trend in der Pornoindustrie, nämlich Pornodarstellerinnen als berühmte Frauen aus dem Showbiz zu verkleiden und dann beim Sex zu filmen. Ich vermute, dass sich dieser Trend bis heute gehalten hat. Ghunaim fand diese Kostümierung einfach nur geil und drückte mir, als die Sablés aufgegessen und der O-Saft ausgetrunken war, eine VCD in die Hand. Darauf standen nur zwei Buchstaben: BS. »Ich bin dabei mehrfach gekommen«, flüsterte er so leise, dass ihn niemand hören konnte, selbst ich fast nicht.

Ghunaim liebte Pornos und wollte diese Liebe mit allen anderen Jungs teilen. Deswegen gingen seine VCDs auf dem Schulhof von Hand zu Hand – kostenlos. Einige schauten sie sich heimlich auf dem heimischen PC an, andere hinter dem Vorhang im *Cyber*. VCD, das war Anfang und Mitte der 2000er in meinem Umfeld *die* technologische Revolution für alle Pubertierenden. Kurz nach der Jahrtausendwende, das weiß ich noch ganz genau, ging nämlich ein Monster durch die Nachbarschaft. Ein Techniker, der eine Marktlücke entdeckt hatte: Pornokanäle auf Satellitenreceivern blockieren. »Das Programm säubern« nannte er seinen Service. Die Mütter im Viertel waren entzückt und gaben sich untereinander den Tipp zur Dienstleistung der Stunde weiter. Die Mütter wussten, welche Kanäle mitten in der Nacht angesteuert wurden. Wir hassten diesen Techniker aus der Hölle, obwohl die besagten Kanäle eigentlich nur Werbung für Telefonsex im Ausland zeigten, die Nummern konnte rein technisch betrachtet sowieso niemand von Marokko aus wählen. Die Spots liefen in Endlosschleife, und irgendwann war die immer selbe Brustwarze ja auch Schnee von gestern. Dennoch: besser als nichts.

Ghunaim hatte sich und so viele andere mit seiner VCD-Charity sexuell unabhängig gemacht. Er versteckte die Filme in seinem Zimmer in einer Schublade unter den Socken und gab seinen guten Friends oft ein paar VCDs übers Wochenende raus. So eben auch an mich. Zu Hause wartete ich, bis alle schliefen, und schob die CD mit er Aufschrift »BS« in den Schlitz meines massiven Computers. Es ratterte, eine kleine orange Lampe leuchtete wie wild, und die Lüftung sprang an. Auf dem Bildschirm öffnete sich ein Fenster, und zu sehen war ein Clip, der nur wenige Sekunden dauerte. Etwa so lange wie der erste Takt von *Hit Me Baby One More Time*. Zu sehen war das stark verpixelte Gesicht einer Pornodarstellerin, die VCD-Technologie schaffte eben nur bescheidene Datenvolumina. Sie hatte zwei geflochtene Zöpfe, so wie Britney Spears in ihrem Musikvideo zu *Hit Me Baby One More Time*. »BS« waren also die Initialen der Princess of Pop. Man sah in den wenigen Sekunden einen 100-prozentig gefakten, dickflüssigen Spermastrahl aus einem steifen Penis in ihr Gesicht spritzen. Ghunaim hatte definitiv übertrieben mit seinem Enthusiasmus. Als ich die VCD nach dem Wochenende zurückgab, habe ich dennoch gelogen und ihm gesagt, dass »BS« richtig *hot* sei.

Paragraf 490

Heute muss natürlich niemand mehr mit physischen Datenträgern auf Pausenhöfen handeln, um ein bisschen nackte Haut in Aktion zu sehen. Die *Cybers* sind längst geschlossen, die besagte Garage in unserer Nachbarschaft beherbergt inzwischen eine kleine Druckerei. Denn das Internet liefert jede Art von Pornografie frei Haus. Man braucht noch nicht mal eine Flatrate dafür. Ein Gigabyte mobile Daten kostet in Marokko, Tunesien oder Ägypten umgerechnet einen Euro. Dafür kann man sich etwa 30 Minuten Pornofilme herunterladen oder streamen: Viele User*innen in Nordafrika haben diesen Finanzposten fest in ihr monatliches Budget eingerechnet. Leider bringt die breite Verfügbarkeit von Pornografie viele Frauen in Bedrängnis – wie so oft, wenn es um Sexualität geht. So geschehen Anfang 2021.

Damals wurde die 24-jährige Hanaa B. aus der nordmarokkanischen Stadt Tétouan plötzlich und unfreiwillig berühmt. Millionen von Marokkaner*innen sahen sich ein kurzes Video an, in dem Hanaa B. Sex mit einem Mann hat. Sie ist am Anfang und am Ende mit Kopftuch und langem Gewand zu sehen, zwischendurch ist ihr Gesicht gut zu erkennen. Sie lächelt und scheint einverstanden damit zu sein, beim Sex gefilmt zu werden. Der Mann, der mit seinem Handy alles festhält, erscheint nicht im Video, das aus dem Jahr 2015 stammt.

Rund fünf Jahre später hat er das Video – vermutlich aus purer Eifersucht und Wut darüber, dass Hanaa B. ihn verlassen hatte – ins Internet gestellt. Die direkten Konsequenzen dieses *Revenge Porns,* mit dem sich vor allem Männer an ihren Ex-Partner*innen weltweit rächen wollen, musste *sie* alleine tragen. Denn die beiden waren nicht verheiratet und Artikel 490 des marokkanischen Gesetzbuches kriminalisiert außerehelichen Sex explizit. Die Kombination aus dem Kopftuch, dem Pornovideo und der Tatsache, dass Hanaa B. eine junge, alleinstehende Mutter von zwei Kindern ist, ließ diese Geschichte viral gehen. Jede*r hatte eine Meinung dazu, viele konservative Stimmen verlangten nach drakonischen Strafen.

Hanaa B. wurde dann auch zu einem Monat Gefängnis und einer Geldstrafe von 500 Dirham (rund 50 Euro) verurteilt. Der eigentliche Täter, also der Mann, der das Video ohne ihr Einverständnis veröffentlichte, war längst in den Niederlanden untergetaucht. Und genau das war einer der größten Kritikpunkte einer sich neu formierten sozialen Bewegung, die den Paragrafen 490 bekämpft und sich »Moroccan Outlaws« nennt. Der Name will aussagen, dass diese Marokkaner*innen bewusst das Gesetz brechen. So soll eine maximale Distanz zum alten patriarchalen System hergestellt und die Empörung ausgedrückt werden, die viele junge Marokkaner*innen bei dieser und ähnlichen Geschichten verspüren. Denn obwohl Paragraf 490 explizit Frauen *und* Männer für außerehelichen Sex bestrafen will, sieht die juristische Praxis anders aus. Allein im Jahr 2019 wurden 15 192 Menschen gemäß diesem Paragrafen von marokkanischen Gerichten verurteilt – die meisten von ihnen waren laut Menschenrechtsorganisationen Frauen. Im Fall von Hanaa B. ist es inzwischen auch dank des öffentlichen Drucks unter anderem durch die »Moroccan Outlaws« gelungen, den Täter ebenfalls festnehmen zu lassen, die Staatsanwaltschaft hat Anklage erhoben.

Doch die »Moroccan Outlaws« wollen mehr, als nur auf diese Ungleichheit aufmerksam machen. Sie fordern, dass Staat und Gesellschaft die Realität anerkennen und verstehen, dass die meisten Marokkaner*innen schon immer herumgehurt haben. In den Sozialen Medien kommentieren sich Zehntausende Menschen den Frust von der Seele: »Diese konservativen, dauergeilen Schwänze holen sich einen runter auf Hanaa und fordern dann, dass sie ins Gefängnis wandert«, kommentiert jemand auf Instagram. Viele Marokkaner*innen lehnen dieses Gesetz ab, weil es sich um eine Einmischung in die persönlichen Rechte handelt. Anwält*innen, Aktivist*innen und Autor*innen, die sich der Bewegung angeschlossen haben, kämpfen seit der Verurteilung von Hanaa B. juristisch und aktivistisch gegen Paragraf 490. Sie hoffen darauf, sich durch alle Instanzen zu klagen und mit politischen Kampagnen Druck auf den Staat zu erzeugen. Sodass die gesellschaftliche Realität legalisiert wird, die von einer anderen Userin in einem Kommentar auf den Punkt gebracht wurde: »Wir Maroks ficken gerne herum, und niemand kann uns daran hindern.«

Auch an anderen, unvorhersehbaren Stellen treffen diese überholten patriarchalen Strukturen auf den sexuellen Hedonismus in Marokko: im Süßwarenregal zum Beispiel. Anlässlich des Valentinstags 2022, an dem das ganze Land mal wieder in Herzchen und Teddybären unterging, überlegte sich der marokkanische Süßwarenhersteller Bimo eine besondere Werbekampagne für sein abgepacktes Industrietörtchen *Merendina*.

Auf den ikonischen roten Verpackungen waren Zeichnungen von verliebten Pärchen auf Parkbänken zu sehen, die sich innig umarmen. Sprüche wie »Ich vermisse dich«, »Lass dein Herz schmelzen« oder einfach nur »Ich liebe dich« zierten den Kunststoff. Alles, damit sich Verliebte das Törtchen – das auch sie definitiv, wie alle marokkanischen Kinder in der Pause auf dem Schulhof, verschlungen haben – gegenseitig zum »Fest der Liebe« schenken.

Es dauerte nicht lange, bis sich die ersten Konservativen meldeten. Einige von ihnen schäumten vor Wut. Sie lasen die kitschige Werbebotschaft als Aufruf zum außerehelichen Sex. »Merendina Gate« war geboren, und in den Sozialen Medien machten Videos und Bilder die Runde, wie das Törtchen aus den Supermarktregalen und Tante-Emma-Läden entfernt wurde, wie *Merendina* demonstrativ im Mülleimer landete. Jemand schrieb dazu: »Ich lasse meine Kinder von dieser Liebespropaganda nicht beeinflussen!«

Gegen diese Empörung protestierten wiederum andere Konsument*innen, Künstler*innen und die »Moroccan Outlaws«, die »Merendina Gate« geschickt für ihre Kampagne zur Abschaffung von Paragraf 490 nutzten. Tausende Kinder, die sich ihre geliebte Zuckerbombe einfach nicht nehmen lassen wollten, fluteten das Netz mit Augenroll-Emojis als Kommentar zu irgendwelchen Erwachsenen, die nicht lieben können oder wollen. Hunderte Marokkaner*innen schickten dem Süßwarenhersteller Bimo Liebesvideos und -botschaften. Tausende veröffentlichten ihre Liebesgeschichten und -gedichte auf Sozialen Medien. Jemand kopierte per Photoshop auf die *Merendina*-Packung mit den zwei Verliebten auf der Parkbank einen mürrischen Polizisten, der in der Vorstellung vieler die Turteltäubchen mit auf die Wache begleiten wird. Eine Szene, die im Alltag zu oft in Marokko zu beobachten ist. Im Netz lachte das halbe Land über einen selbstgerechten Staatsapparat, der selbstbestimmte Liebe und Zärtlichkeit kriminalisiert.

Haram TV

Jedes nordafrikanisch-nahöstliche Kind der Neunziger kennt den Nervenkitzel, gemeinsam mit den Nafri-Eltern Hollywood-Blockbuster, lateinamerikanische Telenovelas oder europäische Krimiserien anzuschauen. Das ging nur, wenn jemand mit einem guten Reflex und Gespür für die Entwicklung von Drehbüchern die Fernbedienung in der Hand hielt. Der Daumen allzeit bereit auf einer Taste platziert, die den Kanal schnell umschaltet. Väter aus Nordafrika, dem Nahen Osten und der Diaspora liebten zum Beispiel die Stunts und Explosionen bei *Miami Vice* oder *Das A-Team*. Das Problem war nur, dass sich die Schauspieler*innen zwischendurch die Zungen gegenseitig in den Rachen steckten. Oder es schlecht gespielt simulierten. Auch bei *Guadalupe,* der schmalzigen Lieblingstelenovela aller Marokkanerinnen in den Neunzigerjahren, fielen die Darsteller*innen manchmal übereinander her. Wenn wir Kinder neben unseren Eltern vor den Fernsehgeräten saßen, musste also schnell gehandelt werden. Eine Sekunde zu spät, und du musstest dir knutschende Heteros neben deinem Baba ansehen. Oder er neben dir. Es ist eine Frage der Perspektive.

Mein Vater hatte im Wohnzimmer seinen Lieblingsplatz auf einer Stelle des Sofas, die schön weich und durchgesessen war.

Wenn er es sich dort gemütlich gemacht hatte, platzierte er als Krönung immer ein großes Kissen auf seinem Schoß. Darauf legte er die (in jedem gut sortierten Haushalt aus Hygienegründen) in eine Plastikfolie eingepackte Fernbedienung. Wenn Detektiv Sonny Crockett in seinem weißen Sakko vom Jetski an der Bucht von Miami absprang, eine willenlose Frau an sich riss und seine Lippen gegen ihre presste, nahm mein Vater die Fernbedienung in die Hand und murmelte routiniert eine Floskel auf Arabisch vor sich hin: »Es gibt keine Macht außer Allah dem Allmächtigen.«

Das Problem war nur: Haram TV war mächtiger, schneller und für meinen Vater unvorhersehbar. Seine Reflexe hatten unter der jahrzehntelangen Schufterei als sogenannter Gastarbeiter in Deutschland gelitten, und bis er die richtige Taste gefunden hatte, um umzuschalten, war die Liebesszene schon längst vorbei, der Speichel längst ausgetauscht, manchmal wurde auch eine Brust begrapscht, oder es wurde sogar wild herumgebumst, mit dem Kamerafokus auf dem nackten Po von Brad Pitt oder dem Ausschnitt von Angelina Jolie. Mein Vater zappte dann frustriert und trotzig vor bis zu jenen Kanälen, die ich peinlicher fand als jede noch so schlechte Sexszene aus Hollywood. Damit wollte er wohl die Sünden, die auf dem Bildschirm kurz zuvor aufgeflimmert waren, wieder reinwaschen.

Ende der Neunzigerjahre und Anfang der 2000er war die große Zeit der Tele-Imame. Jedes Mal, wenn wir Kinder den Satellitenreceiver neu programmierten – in der Hoffnung, ein neuer toller Sender möge irgendwo auftauchen –, kotzten wir im Strahl, wenn an prominenter Stelle ein Fernsehkanal namens *Iqra* erschien. Ich hasste *Iqra* so sehr, dass ich den Sender manchmal heimlich von der Liste löschte und so tat, als wüsste ich von nichts. Diese Aggression legte sich ein wenig, als ich meinen eigenen Fernseher im Kinderzimmer stehen hatte. Tagsüber konnte ich endlich in Ruhe die Mangaserie *Dragonball Z* und nachts heimlich auf leisester Stufe Mo Asumang beim Erotik-Infomagazin *Liebe Sünde* sehen.

Mein Vater machte es mir dennoch nicht leicht, dem Programm des Teufels (wie ich *Iqra* provokativ nannte) zu entkommen.

Iqra bedeutet auf Arabisch »Lies!«. Und so heißt und beginnt eine Sure im Koran, die alle Gläubigen dazu aufruft, sich Wissen anzueignen, sich weiterzubilden, eben zu lesen – am besten natürlich den Koran selbst. Eine Erzählung besagt, dass *Iqra* das erste Wort gewesen sei, das Allah seinem Propheten Mohammed übersandte. Danach konnte der junge Analphabet plötzlich lesen und eines der einflussreichsten Bücher der Menschheit entgegennehmen.

Mein Vater liebte *Iqra*. Sowohl die Sure als auch die Erzählung vom ehemaligen Analphabeten, der zum weisen Propheten wurde. Besonders mochte er aber den dazugehörigen Fernsehsender. Meine Mutter hatte auch so eine Fangirl-Phase, die aber mit der Obsession meines Vaters nicht vergleichbar war. Es ging ihm dabei, glaube ich, noch nicht mal um die komischen Inhalte des Programms (die ich gleich vorstellen werde). *Iqra* war für ihn eher ein *Social Happening*. Nach dem Mittagessen machte mein Vater seinen ausgiebigen Rentnermittagsschlaf, stellte sich aber den Wecker, um die Nachmittags- und Vorabendschleife bei *Iqra* nicht zu verpassen. Die war deswegen so wichtig, weil er sich nach dem Abendgebet in der Moschee immer für ein, zwei Stündchen zu seinem besten Freund in den Friseursalon des Viertels setzte. Dort war das Gesprächsthema Nummer eins, was wenige Stunden zuvor bei *Iqra* so gepredigt worden war. Mein Vater wollte möglicherweise einfach mitreden können.

Dabei war die Produktion der Sendungen mehr als nur billig. Wenn das Bild wieder mal komisch wackelte, sah man, dass die Tele-Imame in einem Kabuff irgendwo bei Rom saßen. Ja, das von einem saudischen Geschäftsmann finanzierte Programm wurde Mitte der Neunziger unweit vom Vatikan aufgezeichnet. Die Wand hinter den Imamen sah aus wie billige Pappe, die Beleuchtung war grauenvoll, der Sound schepperte, und das lag nicht daran, dass mein Vater knausrig war und lange keinen neuen

Fernseher kaufen wollte. Doch die Qualität der Produktion war an sich nicht das Problem, unangenehm war mir als Jugendlicher das Ganze, weil es im religiösen Programm andauernd ums Ficken ging.

Man saß auf dem Sofa und sah, wie ein bärtiger Mann darüber sprach, Kinder zu zeugen. Besonders schlimm waren die Call-in-Sendungen. Eine Revolution des interaktiven, panarabischen Fernsehens. Da riefen Männer aus Jordanien an, die sich beschwerten, dass ihre Frauen nicht mehr mit ihnen schlafen wollten. Frauen aus Algerien beklagten sich darüber, dass ihre Männer »ihren ehelichen Pflichten« nicht nachkommen würden. Es ging darum, ob ein Muslim aus dem Libanon eine Christin aus seiner Nachbarschaft heiraten dürfe oder andersherum. Oder ob es okay sei, beim Sex zu verhüten, weil man kein Geld mehr habe, um noch mehr Kinder in diese miserable Welt zu setzen. Ehepartner aus Saudi-Arabien, Ägypten oder Marokko äußerten den Verdacht, dass ihre bessere Hälfte »vom Teufel geleitet« Ehebruch beginge. Alle suchten sie in diesen sehr intimen Fragen vor einem Millionenpublikum Rat bei den Tele-Imamen. Die Antworten empfand ich damals nicht nur völlig daneben, sie waren es faktisch auch. Unausgebildete alte Männer sagten irgendwelche Suren auf und gaben ihre überflüssige Meinung zu den Geschichten der Anrufer*innen ab, die lieber zur Paartherapie hätten gehen sollen. Einer der Ratschläge lautete in etwa so: Bildung ist wichtig, wenn du aber denkst, dass sich deine Tochter nicht disziplinieren kann, darfst du sie nicht zum Studium ins Ausland schicken, dort kommt sie nur auf »falsche Gedanken«, und ihr Körper entgleitet deiner Kontrolle. *Iqra, my ass.*

Das Schlimmste, und dieser Superlativ ist hier wirklich angebracht, war aber ein Prediger namens Amr Khaled. So ein unsympathischer, speckiger, schleimiger Ägypter, dessen Stimme jedes Mal Schüttelanfälle durch meinen Körper jagte. Er rollte das R so komisch, nicht vorne an der Zungenspitze, sondern hinten im Rachen wie aristokratische Möchtegernintellektuelle. Ich muss selbst mit meiner piepsigen Stimme aufpassen, aber er klang so wie Mariah Carey acht Oktaven zu hoch auf Ecstasy. Khaled wusste aber von Anfang an, wie man mit viel, viel Drama Quote macht. Er war einer der ersten Männer im arabischsprachigen Fernsehen, der regelmäßig weinte. Er heulte und flennte eher, ließ die Tränen laufen, als könne sein Producer sie hinter der Studiopappe mittels eines Wasserhahns aufdrehen. Er sagte immer, dass er einfach nicht anders könne, wenn er die Worte Allahs höre. Was damals wirklich niemand durchschaute: Amr Khaled kopierte mit dieser Performance eins zu eins Tele-Evangelisten aus den USA. Die zeitgleich in Kellern vor Kameras saßen und heulten, damit die Gläubigen an den Bildschirmen ihnen Schecks ausstellten, von denen sich ihre *Faith Leaders* dann riesige Anwesen und Helikopter kaufen konnten.

In den Sendungen von Amr Khaled ging es oft um den Aufbau und Schutz der »Kernfamilie«, im Endeffekt also um Geschlechtsverkehr. Seine Emotionen trafen in unserer Elterngeneration einen Nerv. In den heimischen Moscheen wurden nur langweilige Predigten gehalten, die durch die Zensurbehörden der autokratischen Regime reglementiert wurden. Im Staatsfernsehen sprachen sie in einem hochgestochenen Arabisch über sehr abstrakte Dinge, die immer darauf zielten, dass man dem jeweiligen Autokraten gehorchen müsse. Auf *Iqra* ging's oft um Sex. Ich kann schon nachvollziehen, dass das religiöse Programm die Menschen mehr angesprochen hat. Amr Khaled war wie besessen davon, dass alle Frauen ihren Körper verhüllen mussten. Das Kopftuch war seine Mission, und so heulte er stundenlang vor sich hin und überzeugte in Nordafrika, im Nahen Osten und sogar in Südostasien Hunderttausende von Frauen, doch lieber das Kopftuch anzulegen. Ich würde so weit gehen und behaupten: Beim Thema Kopftuch gibt es eine Zeit vor und eine Zeit nach den TV-Predigten von Amr Khaled.

O Mann, hasste ich diesen Amr Khaled. Er machte Millionen mit seinem Ruhm und den fehlleitenden Ratschlägen in seinen

TV-Sendungen. Mein Vater, hätte er die Möglichkeit gehabt, hätte sich ein Poster vom Tele-Imam ins Wohnzimmer gehängt. Doch der Markt regelt einiges, Gott sei Dank. Mitte der 2000er kamen immer mehr Konkurrenzprogramme dazu. Das salafistische Al-Nas-TV aus Ägypten oder Al-Risala-TV, das direkt von der saudischen Regierung kontrolliert wurde und den extremistischen Staatswahabismus aus Riad propagieren sollte. So buhlten plötzlich mehrere Sender um die Gunst des Publikums, das aber schnell das Interesse verlor. *The Internet killed* endgültig *the Tele-Imam*. Das war zwar inhaltlich vielleicht nicht die beste Entwicklung, die ich mir als Jugendlicher vorstellen konnte, weil nun auf YouTube wirklich jede Person von zu Hause aus Stuss predigen konnte, aber ich war schon erleichtert, dass der *Iqra*-Hype abgeklungen war.

Mein Vater schaute dagegen irgendwann nur noch schlicht Koran-TV, ungefilterte Rezitationen aus dem heiligen Buch in der Endlosschleife. Ohne Tränentheater, ohne dumme *FAQs*. Er blieb auch gerne lange auf und schaute weit nach Mitternacht die Wiederholungen von *Miami Vice* und *Das A-Team*. Wir mussten ja früh ins Bett, um am nächsten Morgen in die Schule zu gehen. Er konnte gucken, ohne die Fernbedienung dabei scharf zu stellen.

Der Sexy Bexy Talk

Friseurläden sind in Nordafrika und auch in migrantischen Vierteln europäischer Großstädte die Treffpunkte für Nafris (und natürlich auch für ihre anderen orientalischen Brüder), die sich gerne einfach austauschen. Dabei kann man eine gewisse homoerotische Energie an diesen speziellen Orten des Zusammenlebens nicht übersehen: Männer, die sich gegenseitig massieren, Männer, die ihre Nasenhaare entfernen lassen, die ihre Gesichter in Dampfmaschinen halten, die von ihrem Liebeskummer erzählen, die sich gegenseitig Komplimente machen, wie schön, ja heiß sie doch aussehen. Sie küssen sich links und rechts auf die Wangen und lassen es sich einfach mal gut gehen.

Mit dem Friseursalon als sozialhedonistisches Männerzentrum bin ich als Jugendlicher aufgewachsen. Während die Männer sich hier also trafen und so taten, als würden sie über Predigten diskutieren, aber eigentlich nur das Leben genießen wollten, waren die Frauen im Viertel auch netzwerkpolitisch ausgerichtet, nur mussten sie das anders organisieren. Da ging es darum, einen guten Grund zu etablieren, sich im privaten Raum regelmäßig gegenseitig zu besuchen. Dort, wo die Männer nicht stören. Und der beste Grund, der nun mal auf der Hand lag, war der Islam. Selbst die Frauen mit den autokratischsten Ehemännern durften sich mit dieser Ausrede frei bewegen: »Schatz, ich gehe zur Koranexegese bei der Nachbarin, komme heute spät zurück!« Dagegen konnte niemand etwas sagen.

Alles fing mit Mitschnitten von Predigten des Ägypters Amr Khaled auf VHS-Kassetten an. Die Frauen wechselten sich als Gastgeberinnen ab, zogen sich am Anfang der Sitzungen eine halbe Stunde den heulenden Imam rein, nickten kurz dazu und tratschten dann in kleinen Gruppen. So habe ich es zumindest beobachten können, wenn die Frauen bei uns zu Hause zusammenkamen. Denn ich hatte einen speziellen Zugang zur Frauenrunde: ein Fenster in der Wand zwischen meinem Zimmer und dem prächtigen Gästesalon meiner Mutter. Mein Zimmer war ursprünglich als Küche entworfen worden, und durch das Fenster sollten die Speisen für die Gäste gereicht werden. So hat es sich zumindest mein Vater bei der Planung vorgestellt. Meine Mutter hasste sein Konzept und fragte ironisch, ob er ein Restaurant bei uns im Haus eröffnen wolle oder warum es so wichtig sei, die Tajine durch das Fenster in den Salon zu reichen. Auf jeden Fall zeigt es, dass sich Gastarbeiter*innen in der alten Heimat gerne innenarchitektonisch austobten. Dank der Durchreiche konnte ich nach der Schule, wenn ich mich rechtzeitig, bevor der Besuch kam, in meinem Zimmer eingeschlossen hatte, immer deutlich mithören, was der neueste Tratsch in der Stadt war. Während der doofe Amr Khaled lief, spielte ich mit Kopfhörern meine Videospiele, beim Frauenklatsch war ich dann aber ganz Ohr. Als die VHS-Aufzeichnungen irgendwann nicht mehr spannend genug waren (alle hatten die Sendungen schon mehrfach gesehen), schlug eine der Frauen vor, eine Imamin in die Runde einzuladen.

Über die Jahre haben die Nachbarinnen drei Predigerinnen verschlissen.

Ganz am Anfang war Ummu Heba. Eine groß gewachsene, breit gebaute, muskulöse Frau, stets ins schwarze Ganzkörpergewand, den Tschador, gehüllt. Sie hatte eine tiefe Stimme und ein breites Lächeln und war wie aus dem Nichts in der Provinz Mittelmarokkos aufgetaucht. Doch niemand schöpfte Verdacht, obwohl niemand wusste, wie diese Frau wirklich hieß. Heba war der Name ihrer Tochter. Ummu bedeutet »Mutter von ... «. Die Frauen im Viertel kümmerte das jedoch wenig, sie losten nach und nach aus, wer die nächste wöchentliche Zusammenkunft ausrichten sollte. Als meine Mutter zum ersten Mal dran war, flippte sie komplett aus.

Man muss wissen, dass Marokkanerinnen wunderbare Gastgeberinnen sind: Es wird vorher mehr als nur gründlich geputzt, reichlich zu essen und trinken gereicht und tausendundeinmal willkommen gesagt. Meine Mutter und auch alle anderen der Frauen in der Runde wollten sich beim Zelebrieren dieser Willkommenskultur aber gegenseitig übertreffen. Sie machten einen Wettbewerb daraus. Mein Vater staunte nicht schlecht, als meine Mutter ihm befahl, ein paar dicke Scheine rüberzureichen, um die Koranstunde angemessen ausrichten zu können. Er weigerte sich zuerst, behauptete, dass man den Koran auch auf nüchternen Magen lesen könne. Ein Glas Wasser für jede müsse völlig reichen. Meine Mutter schrie ihn an, blieb hart, nahm sich letztendlich einfach das Geld aus der Haushaltskasse und behauptete, dass die Nachbarin bei der vergangenen Sitzung sogar eine Bedienung engagiert und *Horsd'œuvres* gereicht hatte. Mein Vater dachte sich wohl, dass er zumindest nicht die *Crazieste* von allen abbekommen hatte, und ließ es einfach geschehen.

Nachdem Ummu Heba in unserem Gästesalon also irgendwas gepredigt hatte, selbstverständlich schnell, schnell abgelesen von einem labberigen Zettel, machten sich die Frauen an die edlen Plätzchen aus Schokolade, Marzipan oder mit einem Hauch Orangenblütenwasser. Die *Petits Fours* spülten sie mit süßem Minztee oder frischem Milchshake hinunter und sprachen dabei in einer Art offenen Fragerunde über die eigentlichen *Hot Topics* des Lebens: Bei der einen war die Scheide zu trocken, die andere war unzufrieden mit ihrer schlaffen Brust, die dritte wollte zwar abnehmen, aber ihr Mann stand halt auf Speckröllchen.

Ich saß in meinem Zimmer und lugte hinter der Gardine des Verbindungsfensters hervor, um zu schauen, wer da sprach. Sagen wir mal so: Ich konnte den Nachbarinnen auf der Straße nicht mehr so neutral begegnen wie vorher. Die Frauen waren der heutigen Instagram-Kultur eindeutig voraus und teilten abenteuerliche Hausmittelchen gegen jede Beschwerde untenrum. Um die Vagina wieder auf Trab zu bringen, sollte frau sich zum Beispiel auf einen Eimer gefüllt mit heißem Wasser und der Gewürzmischung Ras El-Hanout setzen. Ein effektives Mittel gegen Scheidenpilz sei eine geschälte und in Olivenöl geröstete Knoblauchzehe, die frau sich dann lauwarm in die Vagina stecken sollte. Es war die einzige Möglichkeit, mit dem Problem umzugehen, dass es keinen Zugang zu gynäkologischen Behandlungen in Meknès gab und schon gar keine Krankenkasse, die das alles bezahlt hätte. Zwar tischten die Frauen für viel Geld groß auf, eine saftige Arztrechnung hätten sich aber nur die wenigsten leisten können.

Es ging allerdings nicht nur um Vaginen und »sexy bexy«, wie meine Mutter es euphemistisch nannte und oft auch mir gegenüber formulierte. Es ging auch um Gewalt in der Ehe. Eine der Nachbarinnen hatte einen Ehemann mit unvorhersehbaren Wutausbrüchen abbekommen. Er betrank sich und schlug sie dann mitten in der Nacht, sie versuchte, weder zu weinen noch zu schreien, um ihre Kinder nicht aufzuwecken. Sie wollte sich, so klang es aus dem Nebenzimmer zumindest, nicht unbedingt Rat, sondern einfach Trost bei ihren Freundinnen holen. Es wurde geweint und geschworen, dass man aufeinander aufpasse. Dafür waren diese Runden auch da. Damit sich die Frauen gegenseitig in einem Netzwerk stärkten, auch wenn sie nicht immer nachhaltige Lösungen für ihr Leid fanden. Um die Atmosphäre aufzulockern, lenkte Ummu Heba das Gespräch manchmal abrupt auf die Performance der Ehemänner. Der Prophet Mohammed, sagte sie, habe alle Muslime dazu aufgerufen, ihren Frauen Orgasmen zu besorgen. Auch hier hieß es: Alles ist erlaubt, außer Analsex. Einige Zuhörerinnen lachten nervös.

So schnell wie Ummu Heba in Meknès aufgetaucht war, so schnell war sie weg. Die Frauen erzählten sich, dass sie nach Kuwait gezogen sei und eigentlich eine Agentin des Schiitentums und des persischen Ayatollahs war. Für die Gruppe eine schlimme Vorstellung, dass eine Schiitin ihnen die Lehre des Korans und des Propheten beigebracht haben soll. Ausgerechnet eine Anhängerin jener islamischen Strömung, die im Nahen Osten (weit weg von Marokko) dem sunnitischen Islam Konkurrenz macht. Das Verhältnis zwischen dem sunnitischen und dem schiitischen Islam ist seit jeher von großer Skepsis geprägt und angespannt, was zum Beispiel im Irak oder im Libanon schon zu gesellschaftlichen oder bewaffneten Konflikten beigetragen hat.

Eine Frau in der Runde erzählte, dass sie Ummu Heba auf einer der VHS-Kassetten kauend in einem McDonald's gesehen habe. Sie hatte wohl ein altes Familienvideo einfach mit einer Amr Khaled Sendung neu überspielt und dabei vergessen, das ursprüngliche Familienvideo am Ende der Kassette vorher zu löschen. Dabei habe die Predigerin stets die USA verflucht für das, was sie waren. »Und jetzt stopft sie ihrer Familie amerikanische Burger in den Mund!« Solch eine Doppelmoral kam gar nicht gut an bei der sunnitischen Frauengruppe. Meine Mutter schüttelte sich. Umso glücklicher war sie, als die Runde eine neue Predigerin ausfindig machen konnte.

Imamin Amira war das Gegenteil von Ummu Heba: klein und schmächtig, mit einem locker gebundenen Kopftuch. Und sie war definitiv Sunnitin. Mittlerweile die Mindestanforderung, um in den Gästezimmern der Nachbarschaft aus dem Koran lesen und erzählen zu dürfen. Amira kam mir ein bisschen hyperaktiv vor. Sie redete schnell und lachte dabei immer laut und mit weit geöffnetem Mund, dass man die Zahnlücke kurz vor ihren Backenzähnen sehen konnte. Ich hörte sie nämlich nicht nur, sondern sah sie nun auch ganz oft in unserem Haus. Weil sie zwischendurch einfach so, unabhängig von den Koranstunden, zu meiner Mutter kam. Sie freundete sich mit den Frauen an, was die Runde noch lockerer machte. Es schien so, als bräuchten sie den Glauben gar nicht mehr als Grund und Ausrede, als könnten sie einfach direkt über die Erektionsstörungen ihrer Männer diskutieren und was dagegen *wirklich* hilft. Doch Amira nutzte das Vertrauen ihrer Schwestern aus, lieh sich bei einer nach der anderen Geld – sogar meine Mutter rückte es, ohne zweimal darüber nachzudenken, heraus – und hielt dann Wochen später eine Predigt darüber, dass man Freund*innen in Not die Schulden erlassen sollte. Die Frauen waren außer sich, meine Mutter kochte innerlich. Das tut sie heute noch, wenn sie davon erzählt. Die Frauen fingen an zu recherchieren und fanden heraus, dass Amira Teil eines islamistischen Netzwerks war, wo das Geld mutmaßlich hinfloss. Den Frauen blieb nur zu hoffen, dass Amira doch nur ihre neuen Möbel mit dem geschnorrten Geld finanziert hatte. Keine von ihnen hatte Lust auf einen Besuch des marokkanischen Geheimdienstes und der Antiterroreinheit. Es sah also so aus, als wäre es vorbei mit den islamisch legitimierten *Get-togethers.* Zuerst eine Schiitin auf Ayatollah-Mission und dann eine Islamistin mit Verbindungen in den Untergrund? Der Segen Allahs hing definitiv schief.

Doch dann ging meine Mutter in eine neue Moschee am anderen Ende der Stadt. Weil man sich sagte, dass dort ganz offiziell und staatlich geprüft (da war der Staat doch wieder eine gute Referenz) eine an der Hochschule ausgebildete Imamin inspirierende Predigten hielt. Die Texte gab es sogar danach auf Kassette. Die Imamin wurde in kürzester Zeit zu einem kleinen Star in Meknès. Die Frauen sprachen sie an und luden sie in ihre Runde ein – und die Imamin sagte sogar zu.

Bei ihrer ersten Predigt, so erzählt es meine Mutter heute, soll es um Bescheidenheit und Verzicht gegangen sein. Die Imamin hielt den Frauen eine regelrechte Standpauke über Horsd'œuvres und *Petits Fours,* sagte ihnen, dass solche Runden nicht dazu dienen sollten, zu zeigen, wer die Reichste von allen sei. Also fiel das extravagante Catering von da an weg. Wenige Wochen später war meine Mutter wieder als Gastgeberin an der Reihe. Mein Vater freute sich diebisch, dass es nun wirklich nur Wasser aus der Karaffe gab. Meine Mutter hatte eher ein mulmiges Gefühl dabei. Ich lauschte der Predigt von meinem Zimmer aus und hatte den Eindruck, dass da wirklich jemand mit einer guten theologischen Ausbildung sprach. Die Imamin sagte etwas über das menschliche Bedürfnis des Tratschens, und dass man diese Sünde lieber unterlassen solle. Sie zitierte dabei, das weiß ich noch ganz genau, psychologische Studien und plädierte dafür, die Runde wirklich nur für theologische Inhalte zu nutzen. Tratschen könne frau ja auch in einem anderen Rahmen. Dafür brauche es keine Koranexegese. Die Runde kickte die Imamin daraufhin komplett raus und gab das Projekt ganz auf. Ab jetzt wurde einfach so über Eheschwänze gelästert.

Die dunkelste Ecke des Friedhofs

Über Sex sprechen, Pornos schauen, ein bisschen Freikörperkultur, das ist das eine. Sex haben, das ist das andere. Und natürlich wollten alle Jungs in meiner Umgebung mit dem Wechsel in die Oberstufe endlich ihre Jungfräulichkeit ablegen. Wie macht man das aber, wenn die meisten Mädchen eher vorsichtig sind? Wie zum Teufel endlich vermeintlich »richtigen Sex« haben, so mit Penis rein und raus und reiten und stöhnen und schwitzen und einem Tsunami an anderen Körperflüssigkeiten?

Die Antwort lag auf der Hand: Selbst sind die Männer.

Einmal pro Woche gab es in der Sekundarstufe einen riesigen Streit in verschiedensten Konstellationen. Jeweils zwei oder mehr Jungs verabredeten sich dann draußen vor dem Schulgebäude und prügelten sich so richtig. Es ging dabei meist um Banalitäten: »Du hast mir meinen Stift geklaut«, »Du hast mich vor der Klassenlehrerin beleidigt« oder schlicht »Ich kann dich nicht leiden«. Ich hielt mich immer aus diesen Streitigkeiten heraus, schließlich wollte ich nicht auf die Fresse bekommen. Ich war als Jugendlicher, anders als heute, eher der softe Typ und wollte immer über alles reden. Aber fast alle anderen Jungs gerieten sich regelmäßig in die Haare. Dabei ging es nicht selten um ihren eigenen Arsch.

Ein Standardsatz vor der Prügelei war: »Wer gewinnt, darf den anderen ficken.« Ich habe ja als Kind zuerst Deutsch und erst mit sieben Jahren Arabisch als Muttersprache gelernt. Daher dachte ich zunächst, dass dieser Satz einfach so gesagt wurde, als Floskel, als bloßer Ausdruck von männlicher Wut. Dass es nicht wirklich darum ging, sich als Verlierer penetrieren lassen zu müssen. Erst später bekam ich mit, dass es manchmal wirklich der Preis war, den man als Verlierer zu »zahlen« hatte. Ficken bedeutete in diesem Kontext: real Arsch hinhalten.

Ich kann mich noch gut erinnern, wie zwei Jungs aus meiner Klasse in so einen Streit gerieten. Der Grund war etwas ernster: Sie hatten sich beide in dasselbe Mädchen verknallt. Und das Mädchen konnte sich nicht entscheiden, mit wem es nun zusammen sein wollte, und ließ einfach beide abblitzen. Also widmeten sich die Konkurrenten der Prügelei. All den Frust und die Trauer über die Fäuste rauslassen. Jungs halt. So funktioniert toxische Männlichkeit, die man überall auf der Welt schon mit 14 Jahren aus seiner Umgebung aufsaugen kann.

Meine Sekundarschule befand sich im alten jüdischen Viertel, nur wenige Gehminuten von unserem Haus entfernt. Und der Kampf zwischen den beiden sollte an der Mauer zwischen dem islamischen und dem jüdischen Friedhof stattfinden. Der Ort war perfekt: mitten in der Stadt und dennoch so gut wie verlassen.

Vor dem Kampf fiel wieder der Satz: »Wer gewinnt, darf den anderen ficken.« Dann schlugen sie aufeinander ein. Hier eine blutige Nase, da ein blaues Auge, dort eine Faust in die Magengrube, da ein Kick gegen das Schienbein. Ihre Körper hatten sich ineinander verschlungen, sie rangen und fielen in den feinen Staub der Sackgasse, die die Stadtverwaltung sich selbst überlassen hatte. Ein Straßenhund bellte laut, und wir, die pubertierenden Zuschauer drum herum, diskutierten, ob es nun reiche, ob man die beiden nun trennen sollte. Doch plötzlich lag der eine mit dem Rücken auf dem Boden und wehrte sich nicht mehr, der andere saß auf seiner Brust und drückte die Handgelenke seines Gegners fest in den Staub. Im Film *Brokeback Mountain* hätten sich beide jetzt innig geküsst, aber wir waren ja nicht in Hollywood. Es gab eindeutig einen Gewinner und einen Verlierer. Wir alle konnten das bezeugen.

Langsam standen beide auf, klopften sich den Schmutz aus den Haaren und von der Kleidung. Der Gewinner sagte zum Verlierer, dass sie sich nach dem letzten Gebet des Tages wieder an derselben Stelle treffen würden, um den Preis einzulösen. Und zu meinem Erstaunen herrschte darüber Einvernehmen. Hichem, aus dem später der kleine Klassensalafist werden sollte, wurde als Zeuge auserkoren. Ich ging abends neugierig auf unser Dach, von dem aus man gut die Friedhöfe beobachten konnte. Aber ich sah nichts, es war zu dunkel. Die Stadtverwaltung sparte damals auch an der Straßenbeleuchtung.

Am nächsten Tag beglaubigte Hichem notariell, dass die Sache erledigt sei. Der Streit war ausgetragen, alles sei wieder gut. Beide Seiten hätten sich allerdings auf einen Blowjob geeinigt. Ich denke, den beiden war das mit dem Analsex einfach zu heikel. Schließlich waren wir alle erst 14 oder 15 Jahre alt. Deswegen war ein bisschen dran lutschen eine gute Lösung. Zu meinem weiteren Erstaunen war es nicht so, dass der Verlierer für immer als derjenige markiert war, der einen Schwanz im Mund gehabt hatte. Denn bei diesem Spiel verlor immer mal jemand, jeden traf es früher oder später. Und in den kommenden Jahren gingen sie dann auch *all the way*.

Donnerstagabend

Eins der größten Probleme für viele Nafris, die einfach nur Sex haben wollen, ist die Privatsphäre. Oder besser gesagt die fehlende Privatsphäre. Nicht Allah oder die Scharia-Polizei stehen den pulsierenden Genitalien der Nordafrikaner*innen im Weg, sondern schlicht die Tatsache, dass sich viele Menschen in der Region ihre Wohnungen mit der Familie teilen. Arme Menschen wohnen teilweise zu viert, fünft oder acht in einem kleinen Zimmer oder einer Baracke. Auch die Mittelschicht wohnt oft mit mehreren Generationen unter einem Dach, mit der voranschreitenden Urbanisierung in Tunesien, Algerien oder Marokko stehen von Jahr zu Jahr sogar weniger Quadratmeter pro Kopf zur Verfügung, weil immer mehr Menschen auf weniger Raum zusammenkommen. Wenn jemand also Sex haben will, wird dies schnell zu einer logistischen Herausforderung.

Üblicherweise muss man strategisch warten, dass die ganze Familie ausgeflogen ist. Zum Beispiel zu einer sommerlichen Hochzeitsfeier der Cousine zweiten Grades auf dem Land. Während man gleichzeitig eine gute Ausrede zur Hand hat, warum man selbst nicht mitgehen kann. Ideal ist ein bald anstehendes Abschlussexamen kombiniert mit dem Wunsch der Eltern, dass man ja im Leben reüssieren solle. Wessen Hormonhaushalt nicht strategisch ausharren kann, fährt zum *Cruising* an den Rand des Stadtwäldchens und treibt es dort zwischen den Bäumen oder im Auto, wenn man so privilegiert ist und eins besitzt – immer in der Angst, dass die Gendarmerie jeden Moment vorbeifahren und einen festnehmen könnte. Oder man findet den Weg in eine der vielen öffentlichen Duschanlagen mit ihren kleinen Kabinen – was aber leichter für gleichgeschlechtlichen Sex ist, weil man sonst die Türsteherin teuer bestechen muss, um seine Freundin in die Männeranlage zu schmuggeln, während die Eltern denken, dass ihre Kinder bis spät beim Nachhilfeunterricht sitzen, um eben im Leben zu reüssieren. Möge sie Allah alle das Examen bestehen lassen! Glücklich kann sich schätzen, wer sich ein Zimmer in einem schmuddeligen Stundenhotel mit lockerer Rezeptionspolitik leisten kann. Für viele Menschen ist das aber aus Kostengründen keine Option, außerdem muss man ja dafür erst mal eine Hotelrezeption des Vertrauens finden.

Unter dem Platzproblem leiden aber nicht nur junge Erwachsene, die sich ausprobieren und ihre Sexualität entdecken wollen. Selbst etablierte Ehepaare müssen für ihr Sexleben nach pragmatischen Lösungen suchen. In unserer Straße in Meknès gab es deswegen jahrelang ein Phänomen. Die Nachbarin, mit der sich meine Mutter gut verstand und die in einer beengten 2-Zimmer-Erdgeschosswohnung mit ihrer Familie lebte, schickte ihren kleinen Sohn im Kindergartenalter jeden Donnerstagabend zu uns rüber. In der islamischen und jüdischen Zeitrechnung beginnt der Tag mit dem Sonnenuntergang, also handelte es sich eigentlich um Freitag. Aber das ist hier nicht sooo wichtig.

Mir fiel nach einigen Monaten dieses Muster auf, dass der Nachbarsjunge einmal pro Woche bei uns abhing. Ich beschwerte mich irgendwann bei meiner Mutter. Ich war in der Pubertät und mochte die kleine Nervensäge in meinem Zimmer nicht. Als der hyperaktive Junge aus dem Alter raus war, dass er unbedingt beaufsichtigt werden musste, sah ich ihn (er war da schon längst in der Grundschule) jeden Donnerstagabend vor der Haustür seines Elternhauses spielen. Manchmal wurde ihm langweilig oder er musste plötzlich auf Toilette oder bekam Hunger. Dann klopfte er an die eigene Haustür, brüllte sein Bedürfnis lauthals in unsere Straße, rief nach seiner Mama, aber niemand machte ihm auf. Meine Mutter murmelte bei diesem ohrenbetäubenden Geschrei eines Donnerstags nur trocken ihr bekanntes Schlagwort: »Seine Eltern … *sexy bexy!*«

Und tatsächlich passte ihre Analyse wieder mal wie Arsch auf Eimer. Im wahrsten Sinne des Wortes. Denn kurze Zeit später ging die Tür auf. Der Vater, ein Taxifahrer, stieg nach getaner ehelicher Wochenpflicht mit Frau und Sohn und mit Eimern und großen Taschen bepackt in sein türkises Taxi. Ein bis zwei Stunden später parkte die Familie dann geschrubbt und wohlriechend für den heiligen Freitag wieder in der Straße. Donnerstag war bei den Nachbarn also Sexabend. Das Kind musste aus Platzmangel während der heißen Phase vor die Tür. Dieses Timing war auch praktisch, denn die anschließende große Waschung im Hamam bereitete gleichzeitig aufs Freitagsgebet vor.

Von den Frauen des Propheten Mohammed ist überliefert, wie sich der Gesandte Gottes nach dem Geschlechtsverkehr rituell gewaschen haben soll. Nach dem Sex sind für gläubige Muslime daher folgende zehn Hygieneschritte zu beachten:

1. Die gute Intention, sich von den Überresten des Geschlechtsverkehrs und damit auch für Allah zu reinigen, sich bewusst auf die rituelle große Waschung einzulassen. Die Reinheit im Kopf, wenn man so will.
2. Die große Waschung beginnt mit dem Spruch: Im Namen des barmherzigen und gnädigen Gottes.
3. Die Hände drei Mal gründlich reinigen, indem man sie unter fließendes Wasser hält und zwischendurch reibt.
4. Die Genitalien gründlich waschen, mit Seife und Wasser. Sie von den eigenen und allen ausgetauschten Körperflüssigkeiten von außen und in den Zwischenräumen befreien.

5. Es folgt die rituelle kleine Waschung, wie für das alltägliche Gebet (unter anderem Füße, Gesicht und Arme werden dabei mit klarem Wasser gereinigt).
6. Die Haare waschen, bis zu den Haarwurzeln und der Kopfhaut.
7. Den ganzen Körper mit klarem Wasser abspülen. Es darf dabei keine einzige Stelle ausgespart werden.
8. Den ganzen Körper schrubben und ein Peeling durchführen. Einige Nafris übertreiben es mit dem Schrubben, nutzen einen sehr groben Peelinghandschuh und schädigen dabei ihre Haut.
9. Die Füße noch einmal extra waschen. *Don't ask me why,* der Islam kann eine sehr detailverliebte Religion sein, und das ist nun mal so überliefert.
10. Männer sollten ihren Bart, wenn sie einen haben, extra mit Wasser ausspülen. Man weiß ja nie, wo der vorher so war.

Damit diese große Waschung nötig wird, muss man noch nicht mal Sex gehabt haben. Bei Menschen mit Penis reicht ein bisschen Präejakulat, bei Menschen mit Vagina, wenn es untenrum feucht wird. Der Prophet legt großen Wert auf Hygiene, und so entwickelte sich in muslimisch geprägten Ländern eine ausgedehnte Badekultur, die in den beengten Wohnungen jedoch oft nicht ausgelebt werden kann. Deswegen findet man in alten wie neuen Wohnvierteln großzügige Hamam-Anlagen, wo das Peeling auch mal vom sogenannten *Kesal* oder der *Kesala* übernommen wird. So werden die Bediensteten im Hamam genannt, die die Besucher schrubben und massieren. In den Altstädten, den Medinas, sind die Hamams kleiner, dort sind morgens die Männer, nachmittags die Frauen dran. Bevor sich die Frauen waschen, schrubben sie aber erst das Badehaus gründlich. Eine *Urban Legend* besagt nämlich, dass sich mal eine Jungfrau nach den Männern in den Hamam begab, sich auf den Boden setzte und schwanger wurde. Sperma überall.

Der kleine Sohn unserer Nachbarin ging, bis er zu alt war, mit seiner Mutter in den Frauen-Hamam. Wer »zu alt« dafür ist, wird von den Hamam-Mitarbeiterinnen und den Besucherinnen entschieden. Naive Jungs sind erst mit zehn oder elf Jahren zu alt, jene, die sich schon informiert haben, können mit sieben rausgeworfen werden. Beim besagten Nachbarsjungen haben sich die Frauen irgendwann beschwert, weil er ihnen eindeutig auf die Genitalien und Brüste starrte. Während die Frauen untereinander eine radikale Freikörperkultur leben (so wird mir das zumindest beschrieben), sind bei den Männern meist nur die schrumpeligen Senioren splitterfasernackt. Sie sind zu alt, um sich über die Konventionen des Anstands den Kopf zu zerbrechen.

Ich war immer nur mit meinem Vater im Hamam, meistens samstags. Dann, wenn alle anderen Männer bereits geschrubbt ins familiäre Wochenende gestartet waren, war das Badehaus etwas leerer. Auch weil wir eine eigene Dusche zu Hause hatten, konnten wir bis Samstag warten. Meine Schwestern erzählten mir Horrorgeschichten aus der Frauen-Sektion. Eine *Kesala* soll große Brüste gehabt haben, mit denen sie die jungen Mädchen (und Jungs) auf dem Boden fixiert haben soll, um sie in Ruhe mit dem schmerzvollen Peelinghandschuh abschrubben zu können. Die Kinder sollen geschrien und geweint, die Mütter die fanatische *Kesala* angefeuert haben. Der tief sitzende Schmutz einer ganzen Woche, der in der heimischen Dusche oder bei der Katzenwäsche nicht entfernt werden konnte, musste nun mal weg.

Ich konnte auf diesen *Next-Level-Folter-Frauen-Hamam* verzichten. Mir reichte als Kind, dass ich in unserem Stammbadehaus an der Moschee vom tatterigen Tuhami rangenommen wurde. Das war der älteste *Kasal* im Hamam. Er schleifte mich jedes Mal an den heißesten Punkt des mit Holz befeuerten Badehauses und befahl mir, mich auf den Rücken zu legen. Zuerst widmete er sich meinem Gesicht, den Ohren, meinen Armen, meinen Achselhöhlen, meiner Brust und meinem Bauch. Mein Vater lag neben mir und genoss das Peeling, während ich ihn – den Tränen nahe –

nur ungläubig anstarrte. Denn bevor ich mich auf den Bauch drehen durfte, damit Tuhami an meinen Rücken, mein Gesäß und die Waden herankam, folgte der schlimmste Part dieser Zeremonie:

Während ich noch auf dem Rücken lag, säuberte Tuhami meine Schenkel und Füße. Dafür platzierte er seine Knie links und rechts von meinen Armen, spreizte seine Beine, um mich zu blockieren, und ließ dabei seine enormen Hängehoden wenige Zentimeter über meinem Gesicht baumeln. Manchmal hatte er labberige Boxershorts an, mit riesigen Löchern, so, als hätte er sie im Erotikshop gekauft. Dabei waren die nur ausgeleiert und uralt. Ich weiß noch genau, wie mir einmal Tropfen von seinen durch das Badewasser feuchten Hoden auf mein Gesicht fielen und ich um mein Leben schrie. Meine Beschwerde hallte durch das große Badehaus und schreckte alle auf. Mein Vater erklärte ihm, dass ich empfindlich sei und der gute Tuhami doch aufpassen solle, wo seine Dinger hängen würden. Alle Männer lachten. Ich fand es ganz und gar nicht lustig.

Ein Nafri in der deutschen Sauna

Sosehr ich als Kind den Hamam auch fürchtete – je älter ich werde, desto mehr genieße ich ihn. Geschmäcker ändern sich eben mit der Zeit, und meine Knochen und Muskeln lieben die Wärme und den Dampf, der sie geschmeidiger werden lässt. Die Therme ist in Deutschland ein okayer Hamam-Ersatz, und so bin ich mit meinen nafrischen Freund*innen manchmal nach Brandenburg gefahren, um uns dort ein bisschen Wellness zu gönnen. In Bad Wilsnack sind wir mal zu viert aufgeschlagen. Zwei gute Freundinnen von mir mit ihren Afros und ein weiterer nordafrikanisch aussehender Mann. Die ganze Therme starrte uns mit offenen Mündern an. Als ich mit dem anderen Nafri in der Sauna saß und er mich flüsternd auf Arabisch etwas fragte, zischte eine weiße Deutsche wie ein Schnellkochtopf in unsere Richtung: »Pssssssssssssssst, nicht reden in der Sauna!!!«

Ich mag aber sowieso lieber Dampfbäder. Also genoss ich einige Monate später in einer anderen Therme die Stille, als ich dort alleine saß – bis so eine sehr redselige deutsche Familie auftauchte. Die Familie bestand aus Mutter, Vater, Sohn und Tochter. Die Kinder waren so zwischen 13 und 16 Jahre alt, das erkannte ich an den funkelnden Zahnspangen. Ich rutschte in die Ecke, als Familie Müller (so nenne ich sie jetzt mal kreativ) die Tür aufriss und den wertvollen Dampf entweichen ließ. Sie setzten sich gegenüber meines nur mit einem Handtuch bedeckten Körpers, schließlich bin ich noch nicht alt genug, um die Konventionen des Anstands nicht befolgen zu müssen. Handtuch muss sein, obwohl es der Sauna-Konsens in Deutschland ja anders verlangt. Jedes Familienmitglied schaute mich einmal kurz an und entschied, dass ich für sie heiße Luft war. Ich weiß nicht, ob sie dachten, dass ich sie nicht verstehe, oder ich einfach inexistent für sie war. Sie redeten jedenfalls so, als ob ich nicht da gewesen wäre.

Die Mutter zeigte auf das Genital ihres Sohnes und merkte an: »Du hast aber viele Schamhaare jetzt!« Er schaute runter und antwortete: »Findest du?« Mit dieser offenen, gar nicht ironisch gemeinten Nachfrage hätte ich NIEMALS im Leben gerechnet. Frau Müller nickte überaffirmativ. Seine Schwester beugte sich etwas nach vorne, um durch den neuen Wassernebel besser sehen zu können: »Und dein Dödel ist größer geworden. Bald so groß wie Papas!« Alle lachten und verglichen die Schwänze von Vater und Sohn, die nun ihre Penisse anhoben.

Ich saß fassungslos in der Ecke und konnte einfach nicht begreifen, warum das gerade passierte. Ja, in der Halb-Öffentlichkeit des Hamams rissen Männer und Frauen nackt oder halb nackt Witze übereinander und über ihre Söhne mit Tuhamis Hängehoden im Gesicht. Auch außerhalb des Hamams kann die arabische Sprache ziemlich versaut sein, aber in der Familie gibt es schon klare Grenzen des guten Geschmacks. Nennt mich gerne verklemmt: Aber mit den eigenen Eltern und der eigenen Schwester über den eigenen Dödel zu diskutieren? Mit dem eigenen Vater einen Schwanzvergleich zu performen? Man kann es auch übertreiben mit der Offenheit. Und in der Sauna sollten wirklich alle einfach mal die Fresse halten.

Hajeb

Bevor das westliche Modell des Supermarkts auch über nordafrikanische Länder rollte, sorgten in Marokko und anderswo kleine Lebensmittelläden dafür, dass alle Menschen mit dem Nötigsten versorgt wurden. Bei uns ums Eck führte Mohammed den kleinen Tante-Emma-Laden. Die Mohammeds waren sehr oft junge Männer, die in den Dörfern im Süden Marokkos aufwuchsen und irgendwann in die Stadt kamen, um dort das Geschäft eines Onkels zu betreiben. Sie wohnten teilweise auch in den kleinen Läden, verbrachten dort ihr halbes Leben, bis sie im Dorf heirateten und ein neuer Mohammed übernahm. Ich bin mir sicher, dass sie nachts zwischen Reissäcken, gestapeltem Brot und Konserven manchmal auf gewisse Gedanken kamen.

Meine Mutter schickte mich als Kind mindestens fünfmal am Tag zu Mohammed in den Laden, um Hefe oder Mehl oder Zucker oder Salz zu holen. Ausführliche Einkaufslisten schreiben war nicht so ihr Ding, es war praktischer, mich immer wieder loszuschicken. Der Laden war wie gesagt sehr kompakt, man wurde durch ein Fenster bedient. An dem meistens andere Kund*innen standen und über das Wetter oder die Inflation diskutierten. Manchmal stritten sich Familienoberhäupter mit Mohammed, weil er am Ende des Monats eine zu lange Liste mit den angeschriebenen Einkäufen verschiedener Haushaltsmitglieder präsentierte. Der Schock des Rechnungsbetrags machte die Väter fassungslos, Mohammed bestand aber darauf, bezahlt zu werden. Er brauchte schließlich dringend das Geld, um das Geschäft weiterführen zu können und andere *wichtige* Ausgaben zu decken.

Oft standen die jungen Männer des Viertels am Laden rum. Sie knackten Sonnenblumenkerne mit ihren Schneidezähnen auf und tranken überzuckerte, neongelbe Piña-Colada-Limonade, in der weder echte Ananas noch Kokosnuss zu finden war. Sie redeten andauernd über Frauen und Sex. Natürlich blieb ich dann extralange stehen und lauschte den Jungs, die schon so alt waren, dass ihnen kleine Ziegen- oder Schnurrbärte wuchsen.

Ich konnte den Konversationen am Laden von Mohammed gut folgen. Dachte ich zumindest. Denn irgendwann fiel mir auf, dass ich ein bestimmtes Verb nicht wirklich einordnen konnte, obwohl es die Jungs immer wieder benutzten: *khwi*. Das »kh« sprachen sie aus wie das »ch« im deutschen Wort Buch. Was konnte das wohl in diesem Kontext bedeuten? Ich wusste, es geht um Geschlechtsverkehr, also konnte ich nicht einfach meine älteren Schwestern oder meine Mutter fragen. *khwi* bedeutet auf marokkanischem Arabisch eigentlich »leeren« oder »entleeren«, daher dachte ich zunächst, dass es darum ging, ihre »Eier zu entleeren«. Damit war ich gar nicht weit von der richtigen Antwort entfernt. Es war sogar noch simpler: Mit einem kleinen Punkt auf dem ersten Buchstaben wurde im Arabischen aus *hwi* (ficken) das mysteriöse *khwi*. So konnten die Jungs im öffentlichen Raum etwas entspannter über ihre Pläne sprechen. Auch wenn irgendein Familienoberhaupt plötzlich um die Ecke bog, verstand er nicht, was die Jugend von damals so besprach. Oft fiel der Satz: »Lass uns nach Hajeb gehen und entleeren.« Mohammed antwortete dann häufig: »Ich kann diesmal nicht, leider haben zu viele Nachbarn ihre Schulden nicht beglichen, und ich bin knapp bei Kasse.«

Hajeb ist eine kleine Stadt in den Bergen bei Meknès. Damals war dieser Ort so klein, dass man darüber streiten konnte, ob die Bezeichnung Stadt nicht doch übertrieben war. Eine Hauptstraße und ein paar kleine Gassen, das war's. Hajeb war und ist auf jeden Fall ein schönes Naherholungsgebiet mit kleinen Grillrestaurants an der Landstraße, saftigen Wiesen und Bächen mit kristallklarem Wasser. Wenn es unten im Tal drückend heiß ist, herrschen oben angenehmere Temperaturen. Und dennoch meiden viele Familien diesen Ort, der für eine bestimmte Dienstleistung im ganzen Land bekannt war und ist: Prostitution. Natürlich wollte ich allein deswegen mal nach Hajeb fahren und schauen, was dort so läuft. Aber mit meinen Eltern hinzugehen hätte bedeutet, auf der Wiese neben dem Bach ein Picknick zu machen und wieder ins Tal zu fahren. Also musste ein anderer Plan her.

Ich war jahrelang in einem Kung-Fu-Verein Mitglied. Man sieht es mir heute null an, aber ich war ziemlich erfolgreich. Bei der marokkanischen Juniorenmeisterschaft habe ich sogar mal den fünften Platz belegt. Ich war, wie inzwischen klar sein sollte, ein sonderbares Kind und hatte mich geweigert, mit Gleichaltrigen zu trainieren. Ich war ehrgeizig und hatte keinen Bock auf den Schabernack von anderen Kindern. Also bezahlte mein Vater den doppelten Mitgliedsbeitrag, und ich durfte mit den älteren Jungs Sport treiben. Einige von ihnen studierten sogar schon. Ich fühlte mich wirklich erwachsen.

In den Semesterferien organisierte der Verein immer kleine Ausflüge. Dann waren wir zum Beispiel bei einem anderen Verein am anderen Ende der Stadt, bei den Meisterschaften in der Hauptstadt Rabat oder in so einer langweiligen Grabungsstädte, wo man alte römische Ruinen besichtigen konnte. Wir haben vor den römischen Mosaiken Kampfhaltungen und Figuren aus den Jackie-Chan-Filmen nachgestellt, die Bilder von damals sind ein bisschen peinlich. Wir hatten aber sehr viel Spaß. Und dann kam der Tag, an dem endlich demokratisch abgestimmt wurde, wo uns die nächste Reise hinbringen sollte: Hajeb, einstimmig!

Die Vorfreude bei den jungen Sportlern war groß. Am Tag der Reise machten sich alle chic: Frühmorgens gingen sie in den Hamam und schrubbten die toten Hautzellen von ihren Körpern ab, sie rasierten sich gründlich, schmierten Gel in die Haare und formten daraus kleine, massive Berge, sie zogen ihre feinsten Jogginganzüge an. Die Fahrt dauerte nur 45 Minuten mit dem Sammeltaxi über Landstraßen voll mit Schlaglöchern, sie ist mir aber in der Nase eingebrannt geblieben. Der scharfe Duft von billiger Zitronen-Colonia lag in der Luft. Im Taxi tauschten sich die Jungs wieder in ihrer verklausulierten Sprache aus, die ich aber mittlerweile gut entschlüsseln konnte: Dieses eine untergehende Sternchen aus Meknès, hieß es, würde einem die Hosentaschen entleeren. Was so viel bedeutet wie: Diese eine bekannte Prostituierte aus Meknès ist viel zu teuer und auch nicht so gut. Deswegen sei es mal wieder eine schöne Abwechslung, die offenherzige Kultur in Hajeb zu besuchen, da sei man unabhängig vom Geldbeutel immer ein gern gesehener Gast. Sprich: Dort gibt es willige und billige Frauen. Doch die jungen Männer hatten ein großes Handicap dabei: mich.

Mein Vater hatte dem jungen Leiter des Sportvereins vor jedem Ausflug mit Konsequenzen gedroht, falls mir etwas zustoßen sollte. Deswegen musste immer jemand bei mir bleiben, und der Plan war wohl, dass sich die Reisegesellschaft in zwei kleine Gruppen aufteilte. Die einen zogen das Sport- und Erholungsprogramm durch, die andere Gruppe ging ficken. Als wir durch die Hauptstraße fuhren, waren in den niedrigen Häusern einige Garagentüren offen, Gardinen baumelten als Sichtschutz dahinter. Die erste Gruppe ging auf die Wiese und machte Tai-Chi, die andere Gruppe verschwand in Richtung Garagen. So wechselten sie sich ab mit dem Babysitten. Ich fragte nicht nach, konnte den Gesichtern der Männer aber ihre Erleichterung ansehen, wenn sie aus den Garagen zurückkamen. Die Frauen, die zwischendurch auf kleinen Hockern draußen saßen, machten an dem Tag ein gutes Geschäft. Wir sind in den Jahren darauf mehrmals nach

Hajeb gefahren. Ich war ja dann irgendwann alt genug, und niemand musste mich mehr babysitten.

Das Bordell nebenan

Natürlich ist Prostitution ein großes Tabu. Sexarbeit existiert aber überall, und jede Gesellschaft hat ihre Art gefunden, mit dieser Realität umzugehen. Manchmal ist der Umgang nur auf den ersten Blick offen und progressiv, manchmal nur auf den ersten Blick verschlossen und repressiv. In der marokkanischen Gesellschaft mischen sich konservative Familienwerte und der Drang, hemmungslos Spaß zu haben, auf komische Art und Weise. Den spaßigen Teil verkörperte im Umfeld meiner Familie Tante Fatma wie keine Zweite.

Eigentlich hätte Tante Fatma meine Mutter werden sollen. So erzählte es mein Vater immer, wenn er das Gefühl hatte, wir Kinder seien nicht dankbar genug. Als er sich von seiner ersten Frau scheiden ließ, weil sie ihm fremdgegangen war und während seiner Abwesenheit in der Ferne schwanger wurde, vereinsamte er vollkommen als Gastarbeiter in Deutschland, ohne Perspektive auf den jährlichen Familienurlaub in der alten Heimat. Monat für Monat kippte er sein ganzes Gehalt in das übliche Vergnügen eines alleinstehenden Ausländers am Frankfurter Bahnhofsviertel. Dann entschied er, sich eine neue Frau zu suchen. Eine Deutsche kam nicht infrage, er als Gastarbeiter konnte ja nicht so einfach mit einer weißen Frau zusammen sein. Vielleicht wollte er das auch nicht. Ende der Siebziger fuhr er also nach Meknès, in die mittelmarokkanische Provinz, obwohl er selbst aus der weit entlegenen Region im Rif ganz im Norden stammte. Dort hatte er aber genug Erfahrungen mit den Frauen gesammelt. Außerdem sagte man über die Meknèssiyat, sie könnten sehr gut kochen (was wahr ist). Mein Vater erzählte die Geschichte so weiter:

»Ich kam in Meknès an und fragte, ob es eine Heiratsvermittlerin in der Altstadt mit guten Kontakten und einer aktuellen Kartei gab. Jemand zeigte mir den Weg, und ich saß kurze Zeit später bei so einer alten Dame im Wohnzimmer. Sie schlug mir als Allererstes Tante Fatma vor, die wir zwar heute Tante nennen, die aber mit dir, mein Sohn, nicht blutsverwandt ist. Ich ließ mich zu ihr bringen und lehnte direkt dankend ab. Tante Fatma liebte das Leben, sie lachte und rauchte und hatte schon viel Erfahrung mit Männern gesammelt. So eine hatte ich schon mal geheiratet, das war nichts für mich. Ich suchte nach einem anderen Typ Frau: arm, schüchtern, bescheiden, was aus heutiger Sicht ja so gar nicht auf deine Mutter passt. Haha! Auf jeden Fall hat mir die Vermittlerin dann die Nachbarstochter von Fatma vorgestellt, und es war Liebe auf den ersten Blick.«

Meine Mutter erzählt die Geschichte freilich etwas anders:

»Als mir die Heiratsvermittlerin ein Passfoto dieses Mannes aus Deutschland zeigte, dachte ich nur: NIEMALS IM LEBEN. Er kam mir zu hässlich und ein bisschen zu alt vor. Ich war doch jung und hübsch. Die Heiratsvermittlerin überredete mich allerdings zu einem Date, schließlich wollte sie Provision kassieren, und für meine verarmte Familie sollte herausspringen, dass ich nach Europa migriere und sie finanziell unterstütze. Am nächsten Tag gingen dein Vater und ich in die Neustadt. Er schenkte mir eine Packung Tempo-Taschentücher aus Deutschland, das fand er eine romantische Geste. Ich habe mich da schon innerlich von ihm abgewendet. Eine! Packung! Taschentücher! Was sollte das? Dann fiel ihm aber auf, dass ich stark ausgelatschte Sandalen trug. Er kaufte mir im luxuriösesten Laden der Neustadt ein teures Paar Schuhe. Es war Liebe auf den ersten Kauf. Haha!«

Als meine Eltern nach Jahrzehnten als Gastarbeiter*innen in Deutschland, im Jahr 1995 endlich in ihr neues Eigenheim in der alten Heimat übersiedelten, waren sie einfach nur stolz auf ihr Lebenswerk. Weit weg vom sündigen Deutschland, wo es nur schlechtes Wetter, noch schlechteres Essen und Rassismus gab. Das neue Leben in Marokko sollte uns Kinder vor den Gefahren der europäischen Verführungskultur bewahren. Eine Cousine von mir hatte in Offenbach Kondome geklaut, die Polizei hatte sie im Streifenwagen zu ihrem Elternhaus gefahren, ein Cousin war mit ein paar Gramm Gras erwischt worden. Die Geschichten der Schande häuften sich, und meine Eltern hatten eh die Nase voll von Deutschland. Außerdem gehen ja gute Gäste irgendwann wirklich. Mein Vater wollte unbedingt verhindern, dass seine Kinder von Nazis verprügelt werden oder auf die schiefe Bahn geraten. Seine Lösung mit dem Umzug nach Afrika war, nüchtern betrachtet, etwas drastisch. Umso schockierter waren meine Eltern, als sie in den ersten Wochen nach ihrer Ankunft feststellten, dass im Haus schräg gegenüber ein Bordell betrieben wurde. Zumindest nannte es meine Mutter so.

In dem grauen Haus gingen vier Schwestern ein und aus, sie trugen alle denselben Style: blutroten Lippenstift, dicke schwarze Kajalstriche unter den Augen, reichlich Rouge auf den Wangen, toupierte Frisuren mit viel Haarlack, sehr kurze Röcke und sehr, sehr hohe Stöckelschuhe. Aus dem Wohnzimmer zur Straße donnerte oft laute Volksmusik, die Songtexte drehten sich meist um Hüftschwünge und Tanzorgien. Es war schlimmer als im Bahnhofsviertel von Frankfurt am Main, weil es für meine Eltern irgendwie unerwartet war. Wie naiv von Baba und Mama. Sexarbeiter*innen waren und sind allgegenwärtig in Marokko.

Vor dem Bordell parkten täglich neue Autos mit ausländischen, meist französischen und deutschen, Kennzeichen. Fremde Männer gingen ein und aus. Für meine Mutter passte dieses Bild so gar nicht in ihr neues Leben. Sie war erst ein Jahr zuvor nach Mekka geflogen, hatte dort im Alter von vierzig Jahren die Pilgerfahrt absolviert, um sich von ihren Sünden reinzuwaschen und auf ihren ruhigen Lebensabend vorzubereiten. Ein Bordell in der unmittelbaren Nachbarschaft? Nein, danke! Mein Vater war jetzt auch nicht sooo begeistert, aber in seiner naiven Art und Weise irgendwie cooler damit. Dennoch entzündete er etwas unbeholfen einen erbitterten Nachbarschaftsstreit zwischen meiner Mutter und den vier Schwestern.

Auf dem Weg zum Gebet hatte mein Vater einen Mann in unserer Straße angesprochen, der gerade aus dem grauen Haus gekommen war und in sein Auto steigen wollte. Mein Vater hatte sich als »der neue Nachbar, frisch aus Deutschland zugezogen« vorgestellt und ihm die Hand gereicht. Der Mann hatte daraufhin die Flucht in seinem Auto mit deutschem Kennzeichen ergriffen. Eigentlich eine harmlose Szene. Etwas komödiantisch, wenn man es sich im Nachhinein vor Augen führt. Doch kurze Zeit später klingelte es bei uns an der Tür. Ich öffnete, und zwei der Schwestern verlangten nach meiner Mutter. Sie kam herunter, und die Schwestern aus dem grauen Haus schrien herum, dass mein Vater sich um seinen eigenen *Souk*, also seine eigenen Angelegenheiten, kümmern solle. Mein Vater hätte »den Freund der Familie« aufgeschreckt mit seinen zu neugierigen Fragen. Weil meine Mutter – wie sie selbst sagt – aus der Gosse kommt und sich niemals anschreien lässt, musste diese Szene zwangsläufig mit einer Handgreiflichkeit enden.

»Ihr Nutten! Ich weiß, welche Sprache ihr versteht!«, polterte meine Mutter direkt los, sie krempelte die Ärmel hoch, streifte ihr Kopftuch ab. Jetzt war sie nicht mehr die sündenbefreite Pilgerin, sie verwandelte sich in einem Wimpernschlag in das Mädchen, das auf der Straße gelernt hatte, ihr Territorium zu verteidigen. Stark und kompromisslos, um zu überleben. Sie griff gezielt nach der toupierten Frisur einer der Schwestern. Die wehrte sich natürlich und beide Seiten gingen ohne Rücksicht aufeinander los. Meine Mutter hatte danach einen tiefen Kratzer im Gesicht, meine Schwestern heulten, ich war richtig verängstigt. Ich habe damals natürlich nicht alles direkt verstanden, erst später die Puzzleteile aus dem Erlebten und den Erzählungen meiner Mutter in meinem Kopf zusammengesetzt, um überhaupt nachvollziehen zu können, was da geschehen war. Sollte das unser neues Leben in Marokko werden? Straßenkämpfe mit Sexarbeiterinnen? Der Streit landete wenige Monate später sogar vor Gericht. Der Richter interessierte sich aber nicht besonders für die banale Auseinandersetzung und verzichtete auf drakonische Strafen. Mein Vater ärgerte sich über die hohe Anwaltsrechnung und nahm fortan, wenn er zur Moschee gehen wollte, einen umständlichen Umweg, um nicht in die Versuchung zu kommen, vor dem besagten Haus wildfremde Männer zu grüßen.

Meine Mutter war zunächst *not amused,* als ich ihr gesagt habe, dass ich diese kleine Episode nach unserem Umzug nach Meknès in diesem Buch erwähnen werde. Denn eine der Schwestern ist heute ihre allerbeste Freundin. Sie hat sich in dem grauen Haus mit einem Beautysalon selbstständig gemacht. Inzwischen lachen die beiden über den Streit von damals, und meine Mutter nennt sie nicht mehr »Nutte«. Sie sind so etwas wie Schwestern. Obwohl auch heute noch ab und zu Männer in Autos mit ausländischen Kennzeichen dort parken, aber das scheint gar kein Problem mehr für meine Mutter zu sein.

Marokkanischer Striptease

Nein, Onkel Fouad ist keine verantwortungsbewusste Person. Das bekam ich früh zu spüren: Meine Mutter vertraute ihm ihren kleinen Prinzen an, und kurze Zeit später war ich der Überzeugung, dass ich in seinem klapprigen Transporter ohne Heizung auf dem verlassenen Parkplatz mitten in der Nacht erfrieren werde, in meinen Gedanken vereisten meine tränenüberströmten Wangen in der kühlen Nacht. Dann stand ich plötzlich vor einer Tänzerin, sie streckte mir ihren verschwitzten Hintern ins Gesicht, und mir wurde zu heiß.

Okay, diese verrückte Geschichte muss ich wirklich von Anfang an erzählen: Ich habe SEHR viele Onkel und Tanten, sowohl mütterlicher- als auch väterlicherseits plus jene, die nicht direkt meine Onkel und Tanten sind, die ich aber aus Respekt und Tradition einfach so nenne. In den Fünfziger- und Sechzigerjahren waren Verhütungsmittel halt nicht weit verbreitet, und unsere Großeltern waren sehr fleißig. Maschallah!

Fouad war mein Lieblingsonkel. Wenn er in den langen Sommerferien aus Südfrankreich nach Marokko kam, ging die Post ab. Onkel Fouad fuhr jedes Jahr mit einem anderen Gebrauchtwagen nach Marokko und verkaufte ihn dort gewinnbringend. Im Jahr 2000 verlangte der marokkanische Markt nach Transportern, und so hoffte Onkel Fouad, den mitgebrachten Transporter, der in Frankreich noch nicht mal mehr durch die *visite* (also den französischen TÜV) gekommen wäre, überteuert in Marokko verkaufen zu können.

Als Fouad meine Mutter fragte, ob er mich auf eine Reise in die Hauptstadt Rabat mitnehmen dürfe, war ich überglücklich. Er sagte, ein seriöser Autohändler biete dort gute Preise, außerdem wolle er seinen besten Freund, einen Oberkommissar, besuchen, und wir könnten bei dessen Familie übernachten. Meine Mutter wusste, dass Fouad eigentlich ein verantwortungsloser Mensch war. Dennoch vertraute sie ihm ihren Sohn an. Sehr, sehr ungewöhnlich. Vielleicht lag es an diesem Oberkommissar, und sie dachte, dass ein Oberbulle aus der Hauptstadt schon für Recht und Ordnung sorgen werde. Das Versprechen von Fouad, dass er schon auf mich aufpassen würde, war jedenfalls nicht der *Game Changer*.

Auf dem Weg nach Rabat, dem Atlantik entgegen, hörten wir im Transporter laute marokkanische Volksmusik, dazu haben wir gesungen, geklatscht und sitzend getanzt. Onkel Fouad war viel zu schnell auf der Autobahn unterwegs und verteilte bei jeder Polizeikontrolle an den Aus- und Einfahrten fleißig Schmiergelder, um kein Knöllchen zu bekommen. Die Polizisten hielten vor allem Autos mit ausländischen Kennzeichen an, da sie wussten, dass es dann mehr zu holen gab. Das Geld meines Onkels war aber gut angelegt, je früher in Rabat, desto besser. Onkel Fouad hatte nämlich Pläne für den Abend, von denen ich natürlich nichts wusste.

Wir kamen im Haus vom Oberkommissar an, aßen reichlich zu Abend und machten uns dann zu meiner Überraschung wieder auf den Weg. Auf einem Parkplatz vor einem Flachbau am Rande der Stadt schaute mir mein Onkel tief in die Augen und sagte: »Mohamed, wir müssen dort kurz rein und etwas Wichtiges erledigen. Zehn, zwanzig Minuten, dann sind wir wieder da. Würdest du so lange auf den Transporter aufpassen? Er ist alles, was ich habe.« Ich nickte entschlossen und fühlte mich gut. Ich hatte eine wichtige Aufgabe.

Es vergingen zehn, zwanzig, dreißig, sechzig, neunzig Minuten und mit jeder Minute konnte ich meine Tränen immer weniger zurückhalten. Schließlich flossen sie in Strömen. Die Panik überkam mich, ich konnte nicht mehr normal atmen, ich kurbelte das Fenster herunter, trotz der Kälte, und versuchte, etwas Sauerstoff aufzunehmen. Ich dachte, dass mein Onkel und der Oberkommissar im Flachbau bestimmt als Geiseln genommen worden waren. Geschichten, die sich Kinder halt so fantasiereich ausdenken. Sie hatten ja gesagt, dass es maximal zwanzig Minuten dauern würde, ihnen musste also etwas Schlimmes passiert sein. Irgendwann wischte ich meine Tränen mit meinen Ärmeln weg, nahm meinen ganzen Mut zusammen, stieg aus dem Transporter aus und riss die Eingangstür zum Flachbau auf. Direkt dahinter stand ein muskelbepackter Türsteher, der mich ankeifte, dass Kinder hier keinen Zutritt hätten. Ich erschrak, heulte nur noch und log, ich müsse auf Toilette, mein Onkel Fouad sei da drin, mir ginge es nicht gut, ich würde bald in Ohnmacht fallen. Richtig Drama habe ich da gemacht. Der Türsteher verdrehte die Augen, verschwand für einen Augenblick und kam mit Fouad wieder.

Mein Onkel war sturzbetrunken, lallte stark und lachte mich aus. »Was bist du denn für ein Mann?«, sagte er vorwurfsvoll. Ich verstand nichts mehr. Warum hatten mich Fouad und der Bulle überhaupt hierhergeschleppt? Hätte ich nicht einfach im Haus des Oberkommissars übernachten können, während die Herren sich betranken? Wer sollte hier eigentlich wem Vorwürfe machen? Fouad, verantwortungslos, wie er war, überzeugte den Türsteher (mit ein bisschen Schmiergeld), dass ich drinnen aufs Klo gehen durfte.

Und so bin ich als Kind in einer Stripteasebar gelandet. Nun dürfte klar sein, warum meine Mutter die falsche Entscheidung getroffen hatte. Auf der Bartoilette, zu der mich Onkel Fouad begleitete und die mich einfach nur anwiderte, hätte ich eh nicht pinkeln können. Es wäre einfach nicht geflossen. Gut, dass ich nicht musste. Ich wusch mir also nur ewig lang das Gesicht mit kaltem Wasser ab, in der Hoffnung, meine rot angelaufenen Augen würden sich wieder beruhigen. Dann öffnete ich die Toilettentür, nur um festzustellen, dass Onkel Fouad mich wieder allein gelassen hatte.

Ich irrte durch einen dunklen Raum, der nach verschüttetem Bier, dem scharfen Geruch von Hochprozentigem, Lustschweiß und viel, viel Zigarettenrauch stank. Der Rauch schwirrte in der Luft und fing das Licht von billigen Lasereffekten auf: lila, grün, rot, gelb funkelte es im Takt des Stroboskops. Die Musik war so laut, dass die Boxen scheppernd kapitulierten. Männer auf Hockern johlten und pfiffen, sie schmissen Geldscheine in eine Richtung. Ich steuerte auf das Podium in der Mitte der Bar mit einer tanzenden Gestalt zu. Als ich näher trat, wurde aus der Silhouette eine dicke, schweißbedeckte, schwer atmende Frau. Das Schönheitsideal aus Sicht vieler Marokkaner – so ganz anders als die westliche Vorstellung einer normschönen Frau.

Die Tänzerin hatte sich aus einem Kopftuch ein Stirnband gebunden, ihr langer Kaftan war durchsichtig, unter ihren großen Brüsten hatte sie einen glitzernden Stoffgürtel festgezurrt. Mehr hatte sie nicht an. Ein kleiner Scheinwerfer leuchtete das Podium aus, immer wenn sie in den schwachen Lichtkegel geriet, sah man jeden Part ihres Körpers deutlich: ihre Arschritze, ihre Achseln, ihre Nippel, ihre Schamlippen. Komisch, dass im Deutschen die Vulva sprachlich schambehaftet ist. Sie tanzte auf jeden Fall wild, frei, absolut schambefreit, stampfte barfuß auf den Boden, griff manchmal nach der Tanzstange und wackelte mit ihrem Hintern. Aus den Boxen lief in diesem Augenblick ein bekanntes marokkanisches Volkslied mit virtuosen Trommeleinlagen, tanzfördernden Geigensolos und einer guten Portion Synthesizereffekten. Es war eins von diesen vielen Volksliedern, in denen es explizit um Sex geht. Mal ist die Sprache ein bisschen verklausuliert, sodass man mitdenken muss. Mal ist aber sehr klar, um was es geht. Der Refrain des besagten Songs geht zumindest so:

Ich rauche. Ich trinke ...
Ich nehme mir, was ich will
Sie sagt: Liebling, mach langsamer
Ich mache langsamer
Ich nehme sie rückwärts
Erster Gang, zweiter Gang
dritter Gang, vierter Gang ...
Gemeinsam fahren wir zum Glück.

Die Tänzerin hatte ihren Gürtel mittlerweile über ihre breite Hüfte gespannt. Sie ging leicht in die Hocke und vibrierte mit ihren Pobacken, ohne dass sich der Rest ihres Körpers bewegte. Wie geht das? Sie bewegte ihr Gesäß vor und zurück, so als würde sie ... na ja ... einen massiven Schwanz reiten. Keine Ahnung, wie eine Person so viel Kontrolle über ihren Körper haben kann. Ihr Gesicht, ihre Beine, ihre Brüste, ihre Schenkel, ihre Haare regten sich nicht. Ihr Arsch drehte derweil Pirouetten. Die Männer drehten durch. So einen Tanz habe ich seitdem nirgendwo auf der ganzen Welt mehr gesehen. Sie kniete sich hin, war nun auf allen vieren. Sie streckte ihren Arsch genau in meine Richtung, mir kam es vor, als mache sie das extra. Ihre langen schwarzen Haare wirbelte sie nun durch die Luft, sodass sich der Zigarettenrauch für einen Augenblick über dem Podium lichtete. Diese Frau war ein Sextornado. Grüne, orange und blaue Geldscheine flatterten ihr entgegen, sie pflückte sie aus der dicken Luft und steckte sie in ihr gewaltiges Dekolleté. Dann hörte die Musik abrupt auf. Die Männer klatschten, sie prosteten sich zu, gaben der Tänzerin ungewollte Küsse auf ihren ganzen Körper. In meinen Ohren ertönte ein lauter Tinnitus.

Etwas verloren und benommen suchte ich nach Onkel Fouad. Die Bar war verwinkelt und überall gab es Ein- und Ausgänge. Nach einer Weile fand ich ihn mit dem Oberkommissar neben einem anderen Podest sitzend. Oben tanzte eine grazile Figur, so dünn und leicht, dass man sie am liebsten in Watte packen wollte.

Es war keine Frau, es war kein Mann, aber mir blieb nicht viel Zeit, mir darüber Gedanken zu machen. Fouad nahm mich in den Schwitzkasten, umarmte mich mit seinem stinkenden, glühenden Körper mit viel zu viel Druck. Seine Alkoholfahne haute mich um. Draußen bekam ich einen Sauerstoffschock, der das Leben in mir wieder entfachte. Wir saßen im Transporter vorne zu dritt, ich in der Mitte eingekesselt von den betrunkenen Männern, zwei von der Sorte, die das Regime anhimmelte: Der eine kam aus Europa und brachte Devisen mit, der andere sorgte für Recht und Ordnung im Land. Fouad musste in Anwesenheit des Oberkommissars kein Schmiergeld bezahlen, die beiden betrunkenen Männer genossen die Immunität eines Staatsbeamten. Mein Onkel tippte mich an einer Ampel an und sagte, dass es jetzt wirklich Zeit sei, schlafen zu gehen. Immerhin habe er meiner Mutter versprochen, gut auf mich aufzupassen.

Warum, verdammt noch mal, sollte man ein Kind in einen Stripclub mitnehmen? Ging es insgeheim darum, mit meiner Anwesenheit ein Alibi für die Frau des Oberkommissars zurechtzulegen? Oder war mein Onkel einfach nur der Abgebrühteste der Welt? Er hat mir danach einen 200-Dirham-Schein, umgerechnet zwanzig Euro, in die Hand gedrückt: Schweigegeld, damit ich nicht petzen gehe. Ich habe erst mal den Mund gehalten. Bis jetzt. Denn Onkel Fouad hat sich wenige Wochen später, kurz vor seiner Rückreise nach Frankreich und nachdem er das Geld des Transporterverkaufs (vermutlich in Stripclubs) verprasst hatte, die 200 Dirham von mir ausgeliehen und bis heute nicht zurückgezahlt. Typisch Onkel Fouad!

Mariage Blanc

Wenn Onkel Fouad verantwortungslos war, dann hat er sich seine Lebenskunst bestimmt von Tante Afaf, der Königin der Verantwortungslosigkeit, abgeguckt. Sie ist eine der vielen Frauen im weitverzweigten Familienstammbaum, die von allen schlicht Tante genannt wird. Alle älteren Marokkanerinnen sind Tanten, alle älteren Marokkaner irgendwie Onkels. Irgendwann fing Afaf an, Schirmmützen und weite Hip-Hop-Hosen zu tragen, sie ließ sich wie der Rapper Tupac Shakur ein Piercing in die Nase stechen, rappte sich durch Männerwelten in Westeuropa und Nordafrika, spuckte auf die gesellschaftliche Ordnung und vermeintliche Geschlechternormen. Wir Kids fanden sie einfach nur cool. Als meine Eltern im Mai 1995 zur Pilgerfahrt nach Mekka fuhren, passte Tante Afaf auf uns drei Kinder auf – oder eben nicht. Meine Eltern fanden einfach keine andere Betreuung. Sie müssen richtig verzweifelt gewesen sein, wenn sie uns mehr als einen Monat in die Obhut von Afaf gaben.

Nach der Abreise meiner Eltern Richtung Saudi-Arabien verwandelte sich unser aufgeräumter Familienhaushalt in Frankfurt-Hoechst innerhalb einer Nacht in eine anarchische Wohngemeinschaft. Tante Afaf schaute sabbernd Steffi Graf zu, wie sie im kurzen Rock den Grand Slam bei den French Open gewann.

Ich war ja erst sechs Jahre alt und verstand vieles nicht. Aber meine ältere Schwester erklärte mir Jahre später, dass Tante Afaf wohl einen Hintergedanken hatte, als sie uns zum Beispiel einen 10-D-Mark-Schein in die Hand drückte und zum eigentlich von meiner Mutter als geschmacklich haram erklärten McDonald's schickte. Meine Mutter hatte uns nie zu »Burgern aus Rattenfleisch« gehen lassen, Tante Afaf war dagegen cool. Sehr wahrscheinlich, dass sie sich eine hübsche Frau in unser Wohnzimmer eingeladen hatte, während wir auf *Happy Meals* kauten, die damals noch Juniortüte hießen. Wir durften einen Pilgermonat lang machen, was wir wollten, kamen uns so frei vor. Auf Töpfen trommeln, bis spätabends im Hof spielen und danach noch ein bisschen Tom & Jerry auf VHS gucken.

Onkel Fouad ließ mich als Kind in eine Stripteasebar stolpern, sagte es mir aber vorher nicht. Tante Afaf wartete zwar, bis ich etwas älter war, nahm mich und meine Schwester (das nach Freiheit strebende Sandwichkind) aber dann mit Ansage mit in die Sündenschuppen des Königreichs. Ich weiß noch, wie Afaf meine Mutter anlog und behauptete, dass sie uns Kinder einfach in ein respektiertes Terrassencafé einladen wolle, um unsere guten Schulnoten zu feiern. Tante Afaf forderte meine Mutter sogar auf, mitzukommen, wusste aber, dass meine Mutter aufgrund ihrer Gemütlichkeit ablehnen würde. Abends waren wir dann also in der Disco *Malta* in der Neustadt von Meknès, und Tante Afaf grapschte sich hier ein paar Brüste und da ein paar Arschbacken auf der Tanzfläche. Wie in vielen anderen Etablissements in Marokko heizte eine Frauentanzgruppe mit Livemusik die Partygäste an. Die Tänzerin im *Malta* war sehr clever. Sie sah Afaf, sah in ihr direkt eine *easy* Geldquelle. Sie führte drei Zentimeter vom Gesicht meiner sitzenden Tante entfernt einen traditionellen marokkanischen Tanz vor: Abwechselnd mit dem Po wackeln und die Hände vor dem Genitalbereich im Rhythmus der Trommelwirbel zusammenklatschen. Die beiden Hände symbolisierten die Schamlippen einer Frau, die willig und *horny* war. Afaf warf der Tänzerin all ihr Geld hinterher und gab dem ganzen, nach Duty-free-Parfüm und Schweiß riechenden Laden eine Runde aus. Jeder Gast bekam eine kleine, überteuerte Flasche Importbier. Es war ein Fest.

Für mich und meine Schwester war es ein Sinnesfest: das sündige Leben zum ersten Mal bewusst sehen, riechen, schmecken, fühlen zu können. Ich litt danach an einem lang anhaltenden Kater – obwohl ich nur Cola getrunken hatte. Der Tanz, das Gejaule, das Lachen, die Lebensfreude waren so intensiv, dass meine Muskeln tagelang schmerzten. Der billige Synthesizersound des stark betrunkenen Bandleaders dröhnte mir noch Wochen durch den Kopf. Ich fand es einfach nur ekelhaft, dass ich nach dem Discobesuch bis auf die Knochen nach kaltem Aschenbecher gerochen habe. Dennoch wäre ich immer wieder zum ersten Mal nach *Malta* gereist, um das wahre Gesicht des Landes kennenzulernen, in dem ich aufgewachsen war. Das so tut, als wäre es konservativ, aber einen Tanz mit symbolischen Schamlippen im kollektiven Gedächtnis abgespeichert hat.

Tante Afaf brauchte natürlich stets Geld, um ihren großzügigen Lebensstil zu finanzieren. Anfang der 2000er fand sie dann eine *easy* Geldquelle für sich selbst: ohne Arbeit, ohne Mühe einfach mal ein paar Dutzend Entchen (wie 1000-Euro-Einheiten in Marokko genannt werden) verdienen. *Le Mariage Blanc:* Scheinheirat.

Damit das funktioniert, braucht es eine passende Konstellation zwischen zwei Geschäftspartner*innen: Die eine Partei muss einen begehrten europäischen Pass haben (am besten spanisch, französisch, niederländisch, belgisch, skandinavisch oder deutsch), die andere Partei (mit dem nutzlosen marokkanischen, algerischen oder tunesischen Pass) muss ein bisschen Geld gespart haben. Manchmal sind es weiße, ältere Frauen aus Mitteleuropa, die sich auf solche Geschäfte einlassen. Spätestens seit dem Aufkommen des Internetdatings ist es einfach geworden, Angebot und Nachfrage zusammenzubringen. Dabei müssen nicht immer

Entchen rüberschwimmen, die Währung ist manchmal auch Sex. Die Europäerinnen bekommen für einige Jahre einen sexuell aktiven Ehepartner und geben eine Staatsbürgerschaft weiter. Es gab auch Fälle, in denen europäische Frauen von Liebesbetrügern getäuscht wurden, die ihnen etwas vorgaukelten von »bis der Tod uns scheidet« und dann weg waren, sobald sie die Einbürgerungsurkunde oder eine Niederlassungserlaubnis hatten. Aber viele Frauen wissen schon, worauf sie sich da einlassen. Andersherum gibt es das auch mit weißen Männern und Marokkanerinnen zum Beispiel: Wolfgang wird dann ein paar Jahre bekocht und gepflegt, und sie bekommt dafür eine Staatsbürgerschaft und später die Chance, ihre Jugendliebe nach Europa nachzuholen. Mittlerweile gibt es das auch, je nach EU-Land und Gesetzgebung, unter gleichgeschlechtlichen Paaren. Liebeshochzeiten sind natürlich auch vertreten.

Tante Afaf wollte von den Männern, die sie zum Schein heiraten wollte, definitiv keinen Sex. Es war ein pures Business für sie als Besitzerin eines französischen Passes. Manchmal nahm sie eine Anzahlung und sah die Männer nie wieder. Die Kunden kamen und gingen also. Und so stellte sie uns eines Tages Tijani vor, oder wie sie ihn nannte: »meinen Goldesel«. Damit bezog sie sich einerseits auf seine großen, schiefen Schneidezähne, die aus seinem Mund ragten, andererseits auf die Tatsache, dass sie den eselsdummen Tijani so richtig ausnehmen wollte, bevor er auch nur einen Fuß ins gelobte Europa setzen würde. Tijani war ein schüchterner Mann, er kam vom Dorf, hatte von der harten Arbeit auf dem Feld Haut wie Leder. Sein Traum war es, aus seinem miserablen Leben und dem anstrengenden Alltag als Bauernsohn auszubrechen. Über Jahre hinweg hatte er mehr als 10 000 Euro angespart, mühsam von jeder verkauften Ernte ein bisschen was weggelegt. Zusätzlich hatte er Teile des Familienackers verkauft, seine Mutter schmiss noch das Gold aus ihrer Hochzeit in den Reisefond, nur so konnte sich Tijani seinen Traum von der Auswanderung erfüllen.

Afaf brachte Tijani zu uns, um die Seriosität meiner Mutter auszunutzen. Die Gastfreundschaft in unserem Haus war quasi das Gütesiegel für meine Tante: Dies ist ein *Mariage Blanc* mit Erfolgsgarantie, denn wir sind eine respektierte Familie. Meine Mutter servierte Milch und Datteln, eine Willkommensgeste, die verlobten Paaren in Marokko gebührt. Tijani war bereit, so ziemlich alles zu tun, um Marokko zu verlassen. Nur einfach so in ein Boot steigen wollte er nicht, da er lebend in Frankreich oder Belgien oder sogar Deutschland ankommen wollte. Afaf war sein Visum. Er war ihr Scheckbuch.

Drei Sommerferien hintereinander sah ich Tijani immer wieder. Er flehte Afaf an, endlich ihren Teil der Abmachung einzulösen, doch sie sagte immer nur, sie brauche mehr Zeit und stets einen weiteren kleinen Vorschuss. Tijani griff dann in seine Tasche und holte ein Bündel Geld raus. Er vertraute ihr, der »gutgläubige Goldesel«, und zahlte insgesamt mehrere Tausend Euro. Tijani, man ahnt es, kam nicht über seine Braut nach Europa. Tante Afaf nahm ihm das Geld ab und lieferte nicht. Zwar heirateten sie in Marokko irgendwann tatsächlich amtlich, damit Tijani eine weitere Rate rüberreichte, aber die nötigen Papiere für die Familienzusammenführung ging Afaf in Frankreich nie an. Tijani saß irgendwann depressiv bei uns im Salon. Diesmal gab es keine Milch, keine Datteln. Meine Mutter war sauer auf Afaf und zitierte sie am Telefon zu den nächsten großen Ferien zu sich nach Marokko. Meine Mutter erzählt heute, wie sie damals mit Tijani fühlte, ihn tröstete, ihm versprach, dass er bald rauskomme. Die Frage war nur: aus dem Land oder seinem Ehe-Albtraum?

Im Sommer kam Tante Afaf mit einem brautweißen Renault Megane angefahren. Da steckte auch das Vermögen von Tijani drin. Die Frauen stritten sich, meine Mutter verlangte von Afaf, dass sie Tijani entweder ein Visum besorgte oder ihm sein Geld zurückgab. »Allah schaut auf dich, meine Schwester. Du musst das Richtige tun.« Afaf sagte nur, dass doch gerecht wäre, wenn

Männer Reparationen an Frauen zahlen. Nicolas Sarkozy, damals repressiver Innenminister von Frankreich, hätte es zwar verdient, dass Menschen wie Tijani durch eine Scheinheirat ihre Träume in Europa verwirklichten, aber sie könne ihrem gesetzlichen Ehemann das nicht bieten. Afaf hasste Nicolas Sarkozy, ihre Liebe für Frauen und Geld war aber stärker. Sie war zu schwach, zu stolz, zu verantwortungslos. Immerhin nahm sie ihm kein Geld mehr ab.

Ich sah Tijani nie wieder. Meine Mutter sagt, dass er es mit der Hilfe einer anderen Frau sogar doch nach Frankreich geschafft habe. Es habe ihm dort aber nicht gefallen. Er sei nach Marokko zurückgekehrt, und ich hoffe wirklich, dass er glücklich geworden ist.

Nachbarschaftsfreuden

Als Student eine Wohnung in Kairo zu finden war extrem einfach. Ich hatte mir zuvor ein Viertel ausgesucht, ein Budget gesetzt und bin dann durch die Straßen gestreift. Ich wollte unbedingt an einem authentischen Ort der Megametropole wohnen, nicht in diesem euroamerikanischen Expat-Getto im Stadtviertel Zamalek auf der klimatisierten Nil-Insel Gezira, nicht in den gutbürgerlichen Trabantenstädten, die einer zubetonierten Architektur-Dystopie entstammen. Deswegen bin ich in Been Al-Sarayat gelandet. Übersetzt bedeutet der Name dieses Viertels: Zwischen den Palästen. Nah an diesem Volk, das zwei Jahre zuvor einen Diktator aus dem Präsidentenpalast verjagt hatte, wollte ich sein. Ich kam ihm etwas zu nahe.

Schon die dritte Person, die ich nach einer freien Mietwohnung fragte, kannte jemanden, der jemanden kannte, und so landete ich fünf Minuten später im ersten Stock eines schmalen Hauses: Zimmer, Küche, Bad. Gut gepflegt, praktisch angebunden, unweit der Uni, mit alten pseudoaristokratischen Möbeln, golden bestickten Sesseln, einem großen Bett und einem massiven Holzschrank wie aus einem imaginären Versailles. Hier hatte einst ein frischverheiratetes Paar gewohnt, wurde mir gesagt, doch die Wohnung sei spätestens nach dem zweiten Kind zu eng geworden, und die

Familie war in die oberägyptische Provinz zurückgezogen. Was gut für mich war, weil ich so nur noch ein bisschen Geschirr vom salafistischen Kaufhaus »Tawhid & Nour« (Monotheismus und Licht) besorgen musste. Das islamische Karstadt hatte zwar einen abschreckenden Namen, dafür aber die besten Preise, gute Qualität und eine Zufrieden-oder-Geld-zurück-Garantie. Die Miete der Wohnung lag sogar weit unter meinem Budget, und das, obwohl ich zehn Euro mehr pro Monat als Ausländerzuschlag bezahlen musste (ich konnte damals den ägyptischen Akzent noch nicht perfekt nachahmen und hatte schon meinen marokkanischen Pass für den Vertrag vorgezeigt). Mein Vermieter und seine Familie samt Eltern wohnten in den Etagen über mir.

Schon in der ersten Woche durfte ich dem Wunder des Lebens beiwohnen. Im Haus gegenüber, in das ich förmlich über den Balkon springen konnte, weil die Straße sehr schmal war, bekam eine junge Frau ihr Erstgeborenes. Das Fenster war offen, denn es war schwül-heiß. Die Hebamme rief der Gebärenden zu, sie solle verdammt noch mal pressen, und die Frau schrie und flehte Allah um Gnade an. Die Menschen hier waren nicht bitterarm, sie waren aber auch nicht so wohlhabend, dass sie sich eine Geburt im Krankenhaus leisten konnten. Ich schloss aus Respekt die löchrigen Jalousien meines Balkons, sah aber ab und zu durch eines der Löcher nach dem Rechten, schließlich machte ich mir Sorgen um meine neue Nachbarin. Mitten in der Nacht wurde ich dann von Schüssen geweckt. In meinem Kopf liefen Filme ab: Ist es eine neue Revolution? Vielleicht ein Militärputsch? Ich machte vorsichtig die Balkontür auf. Der frischgebackene Vater stand auf der Straße und gab aus einem uralten Revolver Freudenschüsse ab. Einige Patronen landeten auf meinem Balkon, jetzt wurde mir klar, warum die Jalousie so löchrig war.

In den vergangenen fünfzig Jahren hat sich die Geburtenrate in Ägypten halbiert. Dennoch wächst die Bevölkerung am nördlichen Nil rasant. Während meines Aufenthaltes in Kairo in den Jahren 2013 und 2014 hing eine digitale Anzeige zur Echtzeitdokumentation der Bevölkerungsentwicklung an einem Regierungsgebäude. Als sie bei über 95 Millionen Ägypter*innen stand und immer weiterlief, wurde vorausschauend schon mal eine zusätzliche Ziffer links hinzugefügt. Mittlerweile hat Ägypten die Schallmauer von 100 Millionen längst durchbrochen. Laut Weltbank bekommt derzeit jede Ägypterin durchschnittlich drei Kinder. Das ist im Durchschnitt fast ein Kind mehr als Türkinnen, Tunesierinnen oder Libanesinnen zur Welt bringen. Und in Been Al-Sarayat, so der Plan der Nachbarschaft, sollte auch ich zum ägyptischen Bevölkerungswachstum einen Beitrag leisten. Ob ich nun wollte oder nicht.

Einige Tage nachdem wir alle auf der Straße das Neugeborene mit Süßigkeiten und lauter Musik feierten, fiel mir auf, dass ich keine Frischwäsche mehr hatte. Also machte ich mich im Bad daran, per Hand den Gestank, Staub und Smog Kairos aus meiner Unterwäsche, meinen Hosen und T-Shirts auszuwaschen. Das billige Waschmittel, das mir mein Vermieter gegeben hatte, war aggressiv und ätzte mir fast die Haut von den Fingern. Meine Hände waren danach rau und rötlich. So fühlten sich also die Hände von Generationen von Frauen an, die die Wäsche ihrer Familien mühsam per Hand reinigten und immer noch reinigen.

Als ich auf dem kleinen Balkon die tropfende Wäsche aufhängte, grüßte mich die Großmutter des Neugeborenen von ihrem Balkon gegenüber. »Salam Aleikum, mein Sohn«, sagte sie und lehnte sich über das Geländer, sodass sie mir einen Kopf näher kam. Ich grüßte zurück und bückte mich, um eine Unterhose aus dem Wäschekorb zu nehmen. »Ich verbiete dir ab jetzt, Wäsche zu waschen«, sagte die Nachbarin wie aus der Pistole geschossen. Denn es gehe überhaupt nicht, dass Männer die Wäsche machen, insistierte sie. Ich blieb stumm. Was sollte ich darauf antworten? »Du bist außerdem sehr schlecht im Wäschewaschen, ich sehe die Flecken sogar von hier aus, wir können dich niemals so auf die Straße gehen lassen, mein Sohn. Meine Tochter macht das ab jetzt für dich, du bist ja jetzt ein Teil der Familie.« Ich schüttelte verunsichert den Kopf und bedankte mich höflich. Aber ihr Angebot war gar keins, es war vielmehr eine Entscheidung, die nicht diskutabel war. Kurze Zeit später klopfte es an meiner Tür. Ich konnte es nicht abwenden, fühlte mich ohnmächtig.

An der Tür stand die jüngste Nachbarstochter. Sie war vielleicht ein oder zwei Jahre jünger als ich, hatte sich hastig geschminkt, ihre braunen Locken aufgelockert, ihr schönstes Lächeln aufgesetzt. »Meine Mutter schickt mich wegen der Wäsche«, sagte sie. Ich versuchte ihr zu erklären, dass es wirklich nicht nötig sei, und sie erwiderte, dass ich ägyptischen Frauen einfach nicht widersprechen solle. Also ging ich widerwillig auf meinen Balkon, um die nasse Wäsche abzuhängen. Auf dem Balkon gegenüber stand wieder die Frau, die unbedingt meine Schwiegermutter werden und mehr über mich herausfinden wollte. »Studierst du? Woher kommst du, aus der Türkei? Bist du Moslem? Bist du alleine hier? Bist du verlobt? Verheiratet?« Ich war etwas verwirrt, wegen der Türkei-Frage, verstand erst später, dass sie immer gestellt wurde, weil alle diese grauenvollen türkischen Soaps guckten. Ich konnte nicht anders und behalf mir mit einer Notlüge: Meine Mutter habe mich mit einer hübschen Marokkanerin verlobt, wir würden bald heiraten. Die Nachbarin war enttäuscht. Sie schaute mich so an, als würde sie mir Vorwürfe machen. Ihr Blick sprach zu mir: Das hättest du vorher sagen können, bevor ich dir angeboten habe, deine Unterhosen von meiner Tochter waschen zu lassen. Es gab aber kein Zurück mehr, und so brachte mir die Nachbarstochter am nächsten Tag meine Wäsche frisch, gebügelt und gefaltet zurück. »Sag einfach Bescheid, wenn du doch noch etwas brauchst«, sagte sie. Damit meinte sie vielleicht: Du kannst dich immer anders entscheiden, du weißt ja, wo ich wohne.

Als Marokkaner, und das ist nun ein hartes Urteil, kamen mir die Datingregeln in Ägypten etwas kompliziert vor: So wie im Libanon und in Israel müssen Ehepartner*innen in Ägypten dieselbe Religion haben, um zu heiraten. Christ*innen bleiben unter sich, Muslim*innen auch. So wie in alten ägyptischen Filmen spielen die Eltern eine wichtige Rolle bei der Auswahl der Partner*in, hinzu kamen irgendwann aber auch der eigene Wille und die Gefühle des Individuums. Es gilt oft, all diese Perspektiven bei der Lebens- und Familienplanung zu versöhnen. Dass man plötzlich alleine entscheiden soll, mit wem man sein Leben verbringen möchte, macht es nicht einfacher. So konnte ich an meinem ersten Tag auf dem Campus unweit von Been Al-Sarayat einen typisch ägyptischen Streit zwischen einem Pärchen beobachten: Sie wollte sein Facebook-Passwort haben, um zu schauen, mit wem er alles chattete. Er zierte sich. Man widerspricht einer Ägypterin aber nicht. Wenige Augenblicke später scrollte sie durch seine Chats und trennte sich auf der Stelle von ihm. So läuft das heute: Ägypterinnen haben keine Zeit zu verlieren. Bei der Männersuche achten sie auf gewisse Standards und halten die Augen offen, falls ein neuer Kandidat irgendwo auftaucht.

Andere Nachbarinnen schickten mir ebenfalls aufdringlich ihre jungen Töchter, schüchtern und dennoch zielstrebig, an die Tür. Sie brachten mir Süßigkeiten oder selbst gekochte traditionelle Gerichte mit Hühnchen, Garnelen oder Schafsfleisch. Nur das Feinste für den besten ersten Eindruck. Die Töchter versuchten mich dann in Gespräche zu verwickeln und stellten die üblichen Fragen: Studierst du? Woher kommst du, aus der Türkei? Bist du Moslem? Bist du alleine hier? Bist du verlobt? Verheiratet? Ich war Heiratsmaterial, und ich musste lernen, es als Kompliment zu verstehen.

Ich fühlte mich trotz allem schnell geborgen in Been Al-Sarayat, und sogar der dreiste greise Vater meines Vermieters konnte mir dieses Gefühl der Geborgenheit nicht nehmen. Er saß oft griesgrämig vor dem Haus auf einem weißen Plastikstuhl mit einer Gebetskette in der Hand und beobachtete alles und jeden. Drei Monate nach meinem Einzug schnitt er mir den Weg im schmalen Treppenhaus ab. Er grüßte mit einem lang gezogenen »Salam Aleikum« und kam dann direkt zur Sache: »Um von hier aus zur Uni zu gehen, musst du rechts abbiegen. Du läufst aber immer links zur Metro-Station. Wohin verschlägt es dich denn so?« Ich war ein bisschen baff, auch weil er recht und mich also beobachtet hatte. Ich sagte ihm freundlich, dass ich halt Dinge erledigen müsse. Älteren Menschen zu widersprechen ist auch in Marokko unhöflich. Die bessere Strategie: sie nicht zu ernst nehmen und respektvoll bleiben. Auch wenn sie es einem manchmal schwer machen. »Ich habe meinem Sohn gesagt, dass ich keine alleinstehenden Männer im Haus haben möchte. Wir sind eine respektierte Familie im Viertel, deswegen sage ich es in aller Deutlichkeit: keine Frauenbesuche und keine Faxen!« Ich nickte. Dann fing er an, Fragen zu stellen: Was studierst du? Wo kommst du ursprünglich her, aus der Türkei vielleicht? Du bist doch Moslem? Und du bist ganz alleine hier? Bist du verlobt? Verheiratet?

Der Rizq

Eine der größten Ängste von *White Supremacists* überall auf der Welt ist die sogenannte »Umvolkung«. Egal ob durch Muslim*innen, Jüdinnen*Juden oder Schwarze Menschen. Einst schrieb mir einer dieser Rechtsextremisten einen sehr langen Brief per Hand. Darin behauptete er, dass das Ende der Zivilisation über die Gebärmutterschleimhaut der Musliminnen eingeleitet würde. Sie würden sieben, zwölf, fünfzehn Kinder pro Frau bekommen. Während die weiße Herrenrasse vom Glauben abgefallen sei und sich deswegen nicht mehr vermehren würde, multiplizierten sich Muslim*innen wie die Karnickel. So stand es im Brief.

Nun ist es so: Ich wünschte, ich könnte diese These an dieser Stelle bestätigen und den *White Supremacists* damit ein paar schlaflose Nächte bescheren. Ein Blick auf die meisten Geburtenraten (also durchschnittliche Geburten pro Frau im gebärfähigen Alter) zwischen Casablanca und Karatschi zeigt: Die Islamisierung der Erde, für die es in mehrheitlich muslimischen Ländern mindestens eine Geburtenrate von fünf oder höher bräuchte, fällt leider aus. In Tunesien betrug sie 2,17 Kinder pro Frau im Jahr 2019, in Marokko 2,38, in Algerien 2,99, in Ägypten 3,28. Zum Vergleich: In Frankreich betrug die Geburtenrate im selben Jahr 1,87, in Deutschland 1,54. Für eine stabile Bevölkerungsentwicklung in Gesellschaften mit guter Gesundheitsversorgung (zum Beispiel in Europa) und niedriger Säuglingssterblichkeit (anders als in Nordafrika) braucht es eine Geburtenrate von 2,1 oder etwas mehr. Aber genug der Zahlen. Worauf ich eigentlich hinausmöchte: Ich durfte in meinem Leben beobachten, wie viele Muslim*innen die Familienplanung – sagen wir mal – etwas entspannter angehen. Alles dank eines göttlichen Kindergeldes: dem *Rizq*.

Es ist etwas kompliziert, dieses Wort zu übersetzen, eine bekannte Suchmaschine schlägt »Lebensunterhalt« vor, aber die künstliche Intelligenz versteht ja nichts von höheren Mächten und religiösen Überzeugungen. *Rizq* ist quasi der Besitz, das Vermögen, das Hab und Gut, das Allah jedem Menschen im Diesseits zugeteilt hat. Wenn Gott will, dass du reich wirst: Dann wirst du reich. Wenn Gott will, dass du arm bleibst: Dann bleibst du arm. Natürlich ist das keine Aufforderung, sich auf Allahs Tasche zu legen und es sich gemütlich zu machen, man muss schon etwas für sein *Rizq* tun. Nur wird man das göttlich Vorgesehene halt nie übertreffen können. Deswegen sagen sich viele gläubige Muslim*innen: Jedes Kind kommt mit seinem eigenen *Rizq*. Was bedeutet: Lass es erst mal zur Welt kommen, die Finanzen werden sich dann schon irgendwie klären. Das bringt eine gewisse Leichtigkeit ins Leben, aber manchmal auch ein bisschen Fahrlässigkeit. Es herrscht ja schließlich der Kapitalismus.

Salma, eine der besten Schulfreundinnen meiner Schwester, heiratete sehr früh ihre Flamme aus der Schulzeit. Die Turteltäubchen hatten einfach nicht mehr warten können, waren übereinander hergefallen, sie war schwanger geworden, und kurz darauf waren sie verheiratet. Salma war überglücklich, an ihrem Finger glitzerte ein billiger Ring. Als sie hochschwanger im Zimmer meiner Schwester saß, rutschte mir ein Satz raus, den ich nicht hätte sagen sollen: »Ich hoffe, ihr habt einen Finanzplan fürs Baby.« Salma schaute mich wütend an und antwortete nur lapidar mit einem »Jedes Kind kommt mit seinem eigenen *Rizq*«.

Und genau darum kümmerte sie sich mit der Hilfe meiner Schwester. Beide hatten es auf meinen silbernen Motorroller abgesehen. Ich hatte ihn vor wenigen Monaten von meinem Ersparten gekauft (damit ich mit den reichen Jungs der Stadt mithalten konnte), fuhr ihn aber selten (weil mein Bewegungsradius in Meknès doch sehr klein war) und wollte ihn weiterverkaufen (weil ich die Stadt eh bald fürs Studium verlassen würde). Der Plan der besten Freundinnen bestand darin, Salmas neuem Ehemann einen Job in einer Fabrik am Stadtrand zu besorgen. Um Geld und Zeit zu sparen, sollte er jeden Tag mit dem Motorroller an seinen Arbeitsplatz pendeln. Zack, schon war für Babys *Rizq* gesorgt.

Ich fasste mir ein Herz und überließ der Flamme der besten Freundin meiner Schwester den Motorroller. Ich habe es letztendlich für dieses Kind getan. Salma versprach mir beim Leben in ihrem Bauch, dass sie mir jeden Monat höchstpersönlich eine Rate vorbeibringen würde. Das junge Glück machte sie so optimistisch, übermotiviert, ein bisschen verblendet.

Wenige Monate später, ich hatte exakt null Dirham von Salma und ihrem Mann erhalten und meiner Schwester viele Vorwürfe gemacht, besuchte ich die kleine Familie im alten jüdischen Viertel unweit von unserem Haus. Ich stand kurz davor, nach Deutschland zum Studium aufzubrechen, und brauchte das Geld selbst dringend. Vor dem Haus parkte mein Motorroller. Er war demoliert, eigentlich standen da nur noch die Überreste eines Motorrollers. Salma wiegte ihr Baby im Arm, schaute mir in die Augen und sagte, ich hätte recht gehabt: Ihr Ehemann sei ein Nichtsnutz, er habe den Job in der Fabrik nicht bekommen, sich um keinen anderen Job gekümmert, habe betrunken einen Unfall gebaut und keine einzige Rate erarbeitet, um den Motorroller abzubezahlen oder seinem Kind Windeln zu kaufen. Sie habe die Scheidung eingereicht und werde sich nun irgendwie selbst um den *Rizq* ihres Babys kümmern. »Ein Finanzplan hätte nicht geschadet«, sagte sie.

Ich warte noch heute auf mein Geld.

Always mit Flügeln

Meine Schwester ist rund vierzehn Monate älter als ich. Als wir im Sommer 1995 von Frankfurt am Main nach Meknès in Marokko zogen, wurde sie von der zweiten zurück in die erste Klasse versetzt. Wir konnten damals noch nicht fließend Arabisch. Der nach kaltem Zigarettenrauch riechende, schlaksige Direktor im viel zu großen grauen Anzug behauptete, dass dies die beste Strategie für meine Schwester sei, die Sprache zu lernen. Für uns Geschwister war diese Empfehlung eine unglaubliche Belastung: Meine Schwester und ich in einer Klasse? NEIN! Deswegen achteten wir peinlichst genau darauf, dass wir Jahr für Jahr zumindest auf die Parallelklassen verteilt wurden. Immer nach den Sommerferien beteten wir zu unseren Eltern, unseren Lehrer*innen und zu Allah: Auf dass meine Schwester und ich separiert wurden, um in Frieden zu koexistieren.

Im Schuljahr 2000/2001 kam ich in die 6b der Al-Farabi-Grundschule, meine Schwester war in der 6a. Unsere Gebete wurden wieder erhört. Seit fünf Jahren pendelten wir von Montag bis Samstag zu Fuß zwischen unserem Elternhaus und dem heruntergekommenen Schulgebäude: um acht Uhr hin, um zwölf Uhr nach Hause zum Mittagessen, um vierzehn Uhr zurück, bis achtzehn Uhr ausharren. In den vergangenen fünf Jahren hatte ich mein Arabisch perfektioniert. Jedes Wort gelernt, vor allem jene Wörter, die man nicht sagen sollte: ficken (Hwaya), Pussy (Taboun), Schwanz (Zeb), Nutte (Qahba), schwul (Zamel) … Das Wort für lesbisch kannte ich noch nicht, deswegen sagte ich einfach: Zamela (Schwulin). Die Jungs in meiner Klasse brachten mir dieses lebensnotwendige Vokabular bei. Mit einigen von ihnen verbrachte ich weitere sechs Jahre bis zum Abitur, und so viel kann ich verraten: Sie haben mir bis dahin noch mehr lebensnotwendige Dinge beigebracht.

Eines Nachmittags – es war sehr kalt und regnete – wurden alle Mädchen aus der 6a und der 6b in einen Klassenraum im Erdgeschoss gerufen. Wir Jungs sollten derweil im zweiten Stock des lachsfarbenen Schulgebäudes ausharren. Frau Hamadi, unsere strenge Arabischlehrerin, vor der wir alle großen Respekt hatten, rief uns zu: »In zwei Stunden komme ich euch abholen. Ich will bis dahin keinen Piep hören.« Frau Hamadi war es immer direkt anzusehen, wenn sie es ernst meinte: Sie wedelte dann mit dem Holzstab herum, mit dem sie die Kinder, die ihre Hausaufgaben nicht gemacht hatten oder sich nicht benehmen konnten, regelmäßig verprügelte. Diesmal riegelte die cholerische Lehrerin mit dem schwarzen Kopftuch und der braunen, mit Kreidestaub überzogenen Djellaba aber zusätzlich die Tür von außen ab. Was war da im Erdgeschoss los?

Im ersten Stock brach auf der Stelle Anarchie aus. Die Jungs johlten. Längst war der Papierkorb ausgekippt und zur Trommel umfunktioniert worden. Einer von ihnen fing an, sich zu rhythmischen Darbuka-Klängen auszuziehen. Wir waren zwischen zwölf und vierzehn Jahre alt, unsere Hormone spielten verrückt. In meiner Klasse saßen bis zu vierzig Schüler*innen. Die Größe der Klasse schwankte, je nachdem wie viele Kinder von ihren Eltern zur Arbeit statt zur Schule geschickt wurden. Sieben von uns hießen Mohamed mit Vornamen. Deswegen war es normal, dass man uns Mohameds mit Nachnamen ansprach: Stitou, Mosaed, Ferdawsi, Ghunaim, Fadili, Aït Atta und Amjahid.

Mosaed war der prügelnde Rowdy in meiner Klasse. Für ihn bedeutete die Anweisung von Frau Hamadi, still zu sitzen, die Aufforderung, durchzudrehen. Er öffnete das Fenster und schaute auf den Schulhof hinunter. Dort schleppten zwei unbekannte junge Frauen mehrere kleine Tüten, vermutlich mit Geschenken, in das Klassenzimmer mit den Mädchen. »Die bekommen Geschenke, während wir uns hier selbst unterhalten sollen!?« Während Mosaed seinem Frust Luft machte, kletterte er ohne groß nachzudenken aus dem Fenster, plumpste auf die Terrasse und schlich sich hinunter auf den Hof. Später tauchte er wieder in unserem Klassenzimmer auf – mit brandheißen Informationen. Er habe durch das Fenster im Erdgeschoss gelauscht, sagte er. Die beiden unbekannten Frauen seien von der Firma »Always«, sie hätten den Mädchen erklärt, wie aus ihren Tabouns Blut komme, und ihnen »Binden mit Flügeln« wie aus der TV-Werbung geschenkt. Mosaed schüttelte sich. »Die Mädchen werden das bereuen«, sagte er in dem Moment, in dem die Pausensirene erklang. Ich verstand nicht, was ihn so wütend machte. Seine Rachegelüste machten keinen Sinn. War er empört, dass er keine »Always mit Flügeln« geschenkt bekommen hatte?

Es hatte aufgehört zu regnen. Auf dem Schulhof versteckten die meisten Mädchen die einzeln verpackten Werbegeschenke in ihren Jackentaschen. Außer meine Schwester: Sie suchte leidenschaftlich gern die Konfrontation, versuchte noch nicht mal, das Klischee des stillen, braven Mädchens zu erfüllen, konnte sich schon immer selbst verteidigen. Einige Jungs nannten sie »holländische Kuh«, weil wir aus Deutschland nach Marokko gezogen waren und weil für die Menschen hier die Niederlande und Deutschland mehr oder weniger dasselbe Land sind. Mosaed, der schon immer einen eingeschränkten Sinn für Risiko hatte, ging auf dem Pausenhof direkt auf meine Schwester zu und sagte: »Kein Wunder, dass du nicht abgehoben bist. Holländische Kühe fliegen trotz Always mit Flügeln nicht.« Mosaed schaute sich um, er wollte die Lacher einsammeln, die sein billiger Witz auslöste. Doch meine Schwester schaute ihm nur tief in die Augen und antwortete trocken: »Das wirst du noch sehr bereuen.« Dann drehte sie sich um und spazierte gemütlich zu Frau Hamadi. Alle wussten, was passieren würde. Mosaed, dem der Schock über den Move meiner Schwester ins Gesicht geschrieben stand, rief ihr noch nach, dass er es ja als Witz gemeint habe. Doch meine Schwester zeigte ihm nur noch kalt den Mittelfinger, ohne sich zu ihm umzudrehen.

Zehn Minuten später hatte Frau Hamadi die Klassen 6a und 6b im Erdgeschoss versammelt. Rund achtzig pubertierende Körper drängelten sich in dem viel zu kleinen Raum. »Mir wurde berichtet, dass sich Mosaed über die Mädchen lustig gemacht hat. Ich dachte, ich sei deutlich gewesen, dass ich von euch Jungs keinen Piep hören wollte«, sagt Frau Hamadi. Sie hielt den Holzstab fest in der rechten Hand, an dessen Spitze sich eine stinkende wächserne Schicht gebildet hatte. Oft schlug Frau Hamadi damit auf die ungewaschenen Fußsohlen der Rowdys. Auch Mosaeds Füße hatten schon öfter Bekanntschaft mit dem Holzstab gemacht. »Prügelstrafe alleine reicht hier nicht«, sagt die Lehrerin. »Die Mädchen sollen entscheiden, wie Mosaed für sein sexistisches Verhalten bestraft wird.«

Einen Augenblick später wurden wir Jungs wieder ins Obergeschoss geführt und im Klassenzimmer eingesperrt. Frau Hamadi beauftragte mich, den Streber, auf die Meute aufzupassen. Die Anarchie fiel diesmal deutlich geringer aus. Es wurde getuschelt, sich an den Kopf gefasst. Alle starrten auf Mosaed, der still ganz hinten saß und verloren die eingeritzten Penisse, Brüste und Vaginen auf seinem ranzigen Schultisch anstarrte. Wie würden die Mädchen ihn bestrafen?

Um sechzehn Uhr, zwei Stunden vor Schulschluss, erschien Frau Hamadi – gefolgt von meiner Schwester und den anderen Mädchen – im ersten Stock. Sie hatten demokratisch ein Urteil gefällt, das nun verlesen wurde: »Mosaed muss sich nicht nur bei den Mädchen der sechsten Klassen entschuldigen. Er muss bei allen Mädchen der Schule für sein Verhalten um Vergebung bitten«, sagte Frau Hamadi, »und bei den Mädchen der Sekundarschule nebenan ebenfalls.« Die Jungs johlten. Mosaed schluckte. Das war die größte Demütigung überhaupt.

Frau Hamadi nahm Blickkontakt mit meiner Schwester auf, sie nickten sich zu. Meine Schwester packte daraufhin die geschenkten »Always mit Flügeln« aus ihrer Jackentasche aus, faltete sie auf und schritt langsam Richtung Mosaed. Neben ihr baute sich Frau Hamadi auf. Beide drückten die Binde auf seinen Kopf und klebten sie mithilfe der haftenden Flügel auf seine kurzen Haare. Mosaed kullerten zwei stumme Tränen über die Wange. Er hatte nun realisiert, dass er mit dem ungewöhnlichen Kopfschmuck eine Tour durch die Grundschule und die benachbarte Sekundarschule machen musste. »Ich hoffe, du hebst nicht ab«, sagte meine Schwester triumphierend. Um 17:30 Uhr, als Frau Hamadi Mosaed nach seiner Entschuldigungsrunde mit Hieben auf die Fußsohlen verprügelte, schien der sonst so selbstbewusste Rowdy abwesend. Es war nicht der physische Schmerz, der ihm in diesem Augenblick am meisten zu schaffen machte.

Fünfzehn Jahre später traf ich Mosaed durch Zufall auf der Straße in der Altstadt von Meknès. Wir umarmten uns, begrüßten uns mit Küsschen links und rechts. Lange hatten wir uns nicht mehr gesehen. Wir fragten, wie es unseren Familien ginge. Mosaed schaute mir in die Augen. »Und wie geht es deiner Schwester?«, sagte er. »Gut«, antwortete ich. Er nickte respektvoll.

Mehr Gleitgel, bitte!

Mona und Ibrahim kannten sich seit ihrer gemeinsamen Zeit auf dem Gymnasium. Sie liebten sich abgöttisch. Und es war schon immer klar, dass sie heiraten werden – obwohl Ibrahim so gar nicht in die Welt von Mona passte und Mona nicht in die Welt von Ibrahim. Mein Cousin lebte im Haus seines Vaters auf dem Land, Mona war eine Frau aus der Großstadt. Er: konservativ, dennoch zahm, humorlos, ja sogar ein bisschen langweilig. Sie: eine Spaßkanone, feierwütig, abenteuerlustig und immer ein wenig zu laut. Zumindest beschrieb sie Ibrahims Mutter so. Jedes Mal, wenn Monas Stimme im Treppenhaus erklang, verdrehte die Schwiegermutter die Augen und seufzte in ihrer Muttersprache Amazigh, der indigenen Sprache Nordafrikas: »Wo die Liebe hinfällt ...« An der viel beschworenen Rivalität zwischen angeheirateten Frauen und ihren Schwiegermüttern ist zumindest hier etwas Wahres dran.

Jetzt leben sie alle unter einem Dach im Dorf Amjahdin (Dorf der Amjahids). Ja, es gibt einen Ort, der nach meiner Familie benannt ist. Mein Ururgroßvater väterlicherseits soll sich hier – eine kurze Wanderung von der spanischen Enklave Melilla entfernt – niedergelassen haben. So genau weiß es aber niemand. Die Amjahids lebten auf jeden Fall zwischen diesen kargen Hügeln, bevor die Franzosen 1912 die marokkanische Mittelmeerküste vertraglich Spanien überließen. Meiner Mutter war sowohl die Vergangenheit als auch die Gegenwart von Amjahdin egal. Sie hatte keine Lust, in den Norden Marokkos zu fahren. Auch nicht für eine Hochzeitsfeier. Auf den letzten Kilometern bis zum Dorf beschwerte sie sich noch bei meinem Vater über das Landleben ohne fließend Wasser, stabile Stromversorgung oder Handynetz. Bei der Ankunft setzte sie ein etwas gezwungenes Lächeln auf.

Drei Tage Hochzeitsfeier gehen schneller vorbei, als man denkt. Man tanzt und isst, schläft fast nicht. Mona bezeichnete sich als modern, was auch immer das bedeutet. Die Tradition, den Bund der Ehe drei Tage lang zu feiern, ließ sie sich aber nicht nehmen. Hochzeiten sind gleichzeitig Singlebörsen. Junggesellen tanzen mit alleinstehenden Frauen im heiratsfähigen Alter. Alle haben sich herausgeputzt. Man flirtet und tauscht sich aus, vielleicht die Nummern, vielleicht auch ein paar frivole Blicke. Mütter schauen sich um, ob sie ihre Söhne oder Töchter verkuppeln können. Dann wird in einer riesigen hölzernen, mit Diamantimitaten dekorierten Muschel das Brautpaar von mehreren Männern auf den Schultern getragen, hin- und hergeschunkelt. Alle klatschen und freuen sich, dass zwei Menschen, die sich bis vor Kurzem offiziell noch nicht mal anfassen durften, bald gemeinsam ins Bett steigen.

Meine Mutter kommentierte jedes kleine Detail dieser Zeremonie: zu viel Mayonnaise im Reissalat, zu buntes Make-up auf dem Gesicht der Braut, zu warm im Festzelt, zu viele herumtollende Kinder, die Musik mal zu laut, mal zu leise … Und dann war da eine Tradition, die meine Mutter einfach nur peinlich fand: die Hose. Am Morgen nach der Hochzeitsnacht trugen die Frauen eine seidene, silberschimmernde Hose mit Blutflecken im Schritt auf einem silbernen Tablett ins Festzelt. Ohrenbetäubende Ululationen brachen aus. Es war der ultimative Beweis, dass Mona bis zur ersten Hochzeitsnacht Jungfrau war.

»Ich bin mir absolut sicher, dass sie es vor der Hochzeit getrieben haben«, sagte meine Mutter, nachdem sie minutenlang mitgesungen und ululiert hatte. Der selbst gewählte Spitzname meiner Mutter ist *Sherlock Holmes,* und diese Blutflecke waren ihrem »sechsten Sinn« zufolge definitiv mit einer Pipette oder direkt aus einem blutenden Finger auf die Hose geträufelt worden: Die jungen Leute von heute könnten ja nicht mehr so lange warten und damit gar riskieren, die falsche Person zu heiraten. »Kann ich sogar nachvollziehen«, sagte sie. Während meine Mutter ihre Ermittlungsergebnisse murmelte, tat ich so, als wäre mir ihre Sichtweise egal. Dabei interessierte mich als Vierzehnjährigem nichts mehr als der Sextalk.

Ja, ich liebte es, den Frauen zuzuhören. Auch wenn die Frauen in der Familie meines Vaters ruhiger, prüder und damit so ganz anders waren als die Frauen in meiner Familie mütterlicherseits. Ein Anthropologe sagte mir mal, dass Kinder meist die Familien ihrer Mütter favorisieren würden. Die Familien väterlicherseits stünden oft für Recht und Ordnung, für die Einhaltung von Zucht und Tradition. So passte auch die Hosenperformance ins Bild. Obwohl alle wussten, dass es mehr Show war, als Fakten lieferte. Der Konflikt zwischen der frischgebackenen Ehefrau und ihrer Schwiegermutter war ein offenes Geheimnis und sollte mein junges Lästerherz in Amjahdin aber mehr als nur entschädigen.

Nach der Hochzeit blieben wir noch ein paar Wochen in Amjahdin – gegen den Widerstand meiner Mutter und ihrer trotzigen Ankündigung, dass wir bald ins Dorf ihres Vaters im Westen Marokkos fahren würden. Da gab es ebenfalls weder fließend Wasser noch Strom oder Handyempfang, ihr ging es aber dabei ums Prinzip. Dafür war sie bereit, erneut tagelang auf eine echte Dusche zu verzichten.

Auf dem Dach des Hauses meines Onkels in Amjahdin thronte ein Wasserspeicher, von dem direkt ein Rohr zur durch eine Propangasflasche beheizten Dusche im ersten Stock und ein zweites Rohr in die Küche im Erdgeschoss führte. Weil der Wasserspeicher eigentlich nicht für so viele Menschen ausgelegt und das Wasser in der Region per Lkw-Lieferung teuer war und rationiert wurde, befahl uns meine Mutter, Wasser für den eigenen Bedarf aus dem Brunnen vor dem Haus zu holen und auf einem kleinen Gasherd zu erwärmen. Jede Dusche wurde so zur Odyssee. Außer für Mona. Sie nutzte, ohne zu zögern, das Wasser aus dem Hahn für ausgiebiges Duschen – bis der Tank auf dem Dach leer war. Schließlich wollte sie sich vor jeder Morgendämmerung nach dem Sex mit Ibrahim waschen. Es war klar, dass ihr Ehemann und sie nun Kapital aus ihrem Bund der Ehe – gemäß der Sunna Gottes und seines Propheten Mohammed – schlugen. Sie verschwanden stundenlang in ihrem mit einem breiten Ehebett eingerichteten Zimmer direkt neben dem Bad. Ihr Waschritual mitten in der Nacht trieb die Schwiegermutter zur Weißglut. Ibrahims Mutter nutzte für ihre rituelle Waschung vor ihren Gebeten eigentlich das Wasser aus dem Brunnen. Vor dem Frühgebet um vier Uhr morgens gönnte sie sich aber den Luxus des Wasserhahns – aus dem nun regelmäßig nur noch ein paar traurige Wassertropfen kamen. Woche für Woche, immer wenn der Wassertank leer war, bevor die nächste Lkw-Ladung kam, baute sich eine negative Atmosphäre im Haus auf. Fast alle warfen böse Blicke in Richtung der neuesten Mitbewohnerin, die Schwiegermutter machte eindeutige Anmerkungen, dass die Jugend von heute gar keinen Respekt mehr habe. »Die Jugend von heute« war Synonym für die neue Schwiegertochter, die laute Musik hörte, laut lachte, das neue Eheleben einfach genießen und sich nicht verstecken wollte. Selbst mein Vater und sein Bruder sprachen über sie auf Amazigh im Nebenraum, sodass wir alle mithören konnten. Mona, meine Mutter, meine Schwestern und ich sprachen alle kein Amazigh, aber wir verstanden schon, um was es da ging: Die Familie von Ibrahim war der Braut nicht so wohlgesinnt.

»Warum hassen mich alle?«, fragte Mona meine Mutter. Sie hatte sich zu uns ins Auto gesetzt. Sherlock Holmes und ich wollten in die Stadt fahren und ein paar essbare, in Plastik verpackte Lebensmittel, die nicht vom Dorfmarkt stammten, kaufen, kurz: dem Landleben entfliehen. Mona ergriff die Chance, um mal mit »Außenstehenden« zu reden. Meine Mutter sollte auf dieser Fahrt ihr Kummerkasten sein. Mona wusste aber nicht, dass Sherlock längst ermittelte und Mona selbst als die Unruhestifterin im Haus identifiziert hatte. Die Frage, warum alle Mona hassten, ließ meine Mutter also kalt. Und so antwortete sie trocken: »Warum bloß?« Mona verstand keine Ironie und schüttelte den Kopf: »Ich weiß es nicht!« Es folgte eine lange Pause. Dann sprach die junge Frau aus, was ihr wirklich auf der Seele und im wahrsten Sinne auf dem Körper brannte:

»Der Sex mit Ibrahim ist anstrengend und schmerzhaft.« Der Geschlechtsverkehr mache ihr keinen Spaß. Im Gegenteil. Meine Mutter – die unberechenbare Figur, die sie nun mal ist – schaltete direkt in den Detektivmodus um: »Wie schmerzhaft?« Mona, die einem normalerweise mit ihren großen Augen immer ins Gesicht starrte, war nun das schüchterne Mädchen: »Na ja, wenn er seinen … in mich hineinsteckt und das macht, was er macht … dann tut es sehr weh … da unten …« Sherlock hörte aufmerksam zu und hatte sogleich eine Lösung parat. Ihr sechster Sinn ist einfach unfehlbar. In der Stadt parkte meine Mutter vor einer Apotheke, sagte mir, ich solle reingehen und Gleitgel kaufen. Schließlich wurde ich als Kind auch immer geschickt, um Damenbinden zu kaufen, damit der neugierige Besitzer des Tante-Emma-Ladens nicht wissen konnte, wer im Haus seine Tage hatte.

Dies sollte, wie inzwischen bekannt sein dürfte, nicht mein letzter Gleitgel- oder Kondom-Einkauf bei einem konservativen, bärtigen Apotheker im Leben bleiben. Er schaute mich etwas skeptisch an, packte die kleine Plastiktube in eine Papiertüte und kassierte 120 Dirham, umgerechnet 12 Euro. Ich dachte nur: Medizin ist teuer, sprang in den Wagen und überreichte Mona die Ware. Sie schaute in die Tüte und lächelte. »Danke, Hadscha!«, sagte sie. Sherlock nickte.

Auf dem Rückweg blickte meine Mutter mit einer hochgezogenen Augenbraue in den Rückspiegel. Ich hatte nur wenig gesagt auf der Fahrt. Während sie ihren grünen Mercedes (Modell 200 D) in eine Kurve auf die Piste vor Amjahdin manövrierte, rief sie mir zu: »Hast du dich wieder zwischen den Schenkeln der Frauen verirrt!« Damit hat sie mich regelmäßig ein bisschen gehänselt: Der Sohn, der oft in die Angelegenheiten der Frauen involviert war und es auch sehr spannend fand. Dabei schickte sie mich ja herum, um Gleitgel und Binden zu kaufen.

Am Abend verabredete sich Mona mit uns Kindern: Sie hatte sich ein lustiges Spiel ausgedacht. Mir fallen die Spielregeln dazu nicht mehr ein. Ziel war es aber, so viel Wasser wie möglich aus dem Brunnen zu schöpfen und die Treppen hochzutragen. Kurz nach Mitternacht hörte ich, wie Mona die quietschende Propangasflasche des kleinen Herds aufdrehte. Der Sex hatte diesmal kürzer gedauert. Ob es am Gleitgel lag?

Sonia ist schwanger, aber nicht verheiratet

Für immer mehr Frauen geht eine Schwangerschaft vor der Ehe glimpflich oder ganz unproblematisch aus, denn die Zeiten haben sich doch ein bisschen geändert. Dennoch leiden noch viele Betroffene in Marokko und anderen Ländern Nordafrikas unter den strikten Moralvorstellungen in Teilen der Gesellschaft. Salma, die Schulfreundin meiner Schwester, hat den Vater ihres Kindes einfach schnell geheiratet, als sie bemerkte, dass sie schwanger war. Für andere Frauen war und ist das keine Option.

So auch für Sonia. Sie war ab und zu bei uns, um meine Mutter bei den großen Projekten im Haushalt zu unterstützen: Teppiche schrubben zum Beispiel. Ich schrubbte gerne die Teppiche mit ihr, es war im Sommer immer eine große Seifenblasenparty auf der Dachterrasse. Sonia arbeitete bei entfernten Bekannten von Tante Afaf als Haushaltshilfe. Wohlhabende Menschen in Marokko (aber auch in anderen Ländern der Region) leisteten und leisten sich gerne solche Bedienstete. Eine eigene Arbeiterin, wie die Mädchen auf Arabisch schlicht genannt werden, war damals für einige wohlhabende Haushalte ein Statussymbol, heute machen das nur noch wenige öffentlich. Meist brachten sie sie noch sehr jung, mit elf, zwölf Jahren vom Land in die Stadt, um sie disziplinieren und nach ihrem Gusto »erziehen« zu können.

Knapp 21 Prozent dieser zum Zeitpunkt der Einstellung minderjährigen Dienstmädchen erlebten laut einer Studie in ihrem Arbeitskontext schlimmste Formen der Gewalt. Es ist mittlerweile in Marokko verboten, minderjährige Dienstmädchen zu beschäftigen. Viele dieser Kinder wurden systematisch missbraucht. Für Sonia kam dieses Gesetz zu spät.

Sie stammt ursprünglich aus Südmarokko, dort, wo Schwarze Menschen in einigen Dörfern die Mehrheit bilden. Sonia hätte auch die Hauptrolle in einem Disney-Film spielen können. Hinter ihren zentimeterdicken Brillengläsern, ihrem stets zum Dutt gebundenen Haar, ihrer dunkelbraunen Dschelaba, die sie jahrelang Tag ein, Tag aus trug, hätte auch eine Prinzessin stecken können. Nur dass feststand: Am Ende dieser Geschichte wird es kein Happy End geben.

Sonia war längst kein Kind mehr, wuchs bei ihrem Arbeitgeber auf, machte alles für die Familie, die sie beschäftigte. Und wenn meine Mutter eben mal eine helfende Hand brauchte, schickte ihre »Meisterin« uns über Tante Afaf ihre Arbeiterin. Mir tat Sonia leid, obwohl Mitleid nicht das war, was sie brauchte. Mittlerweile war sie Ende zwanzig, und bei ihrer »Familie« musste sie alleine in der Küche das zu sich nehmen, was vom Essen übrig geblieben war. Damit sie zumindest ihrem Körper ein paar Kalorien zuführte, um als Arbeitsmaschine weiter kochen, schrubben, polieren, aufräumen, heben, Schwerstarbeit verrichten zu können. Das Gehalt ging direkt an ihren leiblichen Vater. Sonias Körper gehörte ihrer »Meisterin«, die ich nie persönlich kennengelernt habe, die ich mir aber wie die böse Ursula aus dem Disney-Film *Arielle, die Meerjungfrau* vorstellte. Wenn Sonia bei uns im Haus war, bat meine Mutter sie zu uns an den Esstisch. Sie war schüchtern und dennoch überglücklich, zwischendurch als Mensch behandelt zu werden, obwohl man ihr über Jahre versucht hatte, das Menschsein auszutreiben.

Eines Abends stand Sonia aufgelöst bei uns im Treppenhaus. Meine Mutter war etwas irritiert, weil die Teppichwäsche nicht anstand. Was war passiert? Tante Afaf stand neben Sonia und machte ein ernstes Gesicht. Schnell war klar, dass etwas nicht stimmte. Sonia erzählte (in meinen Kinderohren) wirres Zeug, fasste sich dabei an den Bauch. »Wie konnte das nur passieren!?«, fragte meine Mutter teils wütend, teils vorwurfsvoll. Sonia erzählte, dass einer der Söhne in ihrer »Familie« sich nachts zu ihr geschlichen und sie »benutzt« hätte. Kannte Sonia das Verb vergewaltigen nicht? Wollte sie es nicht gebrauchen? Machten einzelne Worte gerade überhaupt einen Unterschied?

Tante Afaf wiederholte nur: »Abtreiben!« Meine Mutter schaute auf Sonia. Sonia schaute auf den Teppich in unserem Wohnzimmer, den sie noch wenige Monate zuvor auf der Terrasse geschrubbt hatte. Es war klar, dass es für eine Abtreibung viel zu spät war. Sonias Bauch war dick und rund. Wie hatte sie es bei ihrer »Familie« in diesem Zustand ausgehalten? Sie mussten es ja alle bemerkt haben. Dachten sie, dass Ignorieren den dicken Bauch irgendwann einfach verschwinden lassen würde?

Der Täter, erzählte Sonia, als sie sich wieder etwas beruhigt hatte, habe ihr jedes Mal nachts zugeflüstert: »Ich liebe dich.« Dann habe er sie »benutzt«. Wie oft das passiert war? Sie wusste es nicht. Es sei »schon seit immer« Teil ihres Lebens gewesen, dem Sohn ihrer »Meisterin« zu dienen. Vielleicht war dies der Augenblick meiner Radikalisierung, der Anblick von Sonias Verzweiflung gab mir die Einsicht: Männer sind skrupellose Wesen, und man muss etwas gegen sie und ihre Herrschaft über diese Welt unternehmen. Aber dann war da ja auch noch die »Meisterin«, die Sonia entmenschlichte, missbrauchte und missbrauchen ließ. Es sind solche Geschichten, die einen zum antikapitalistischen Queer-Feministen werden lassen.

Eins war klar: Sonia konnte nicht zurück zu ihrer leiblichen Familie, die Schande, schwanger aus der Stadt zurückzukehren, wäre viel zu groß gewesen. Ihr Leben war in Gefahr, schließlich wusste sie nicht, wie ihr Vater darauf reagieren würde. Im besten Fall würde er sie einfach verstoßen, im schlimmsten Fall töten.

Und genau diese Unsicherheit zermürbte Sonia innerlich. Es gab keine guten Lösungen, es gab nur Lösungen. Und so bezahlte ihr Tante Afaf einen Platz in einem Frauenhaus in einer anderen Stadt. Hauptsache, die Schande ist weit weg von allen. Sonia übernachtete nach der Geburt mit ihrem Neugeborenen einige Tage bei uns. Dann ging sie. Ich habe Sonia seitdem nicht mehr gesehen. Meine Mutter hatte noch das Gerücht gehört, dass das Baby zur Adoption freigegeben worden sei. Doch die Wahrheit ist: Niemand weiß so genau, was aus Sonia oder ihrem Kind geworden ist.

Regelmäßig machen nordafrikanische Boulevardmedien mit Bildern von ausgesetzten Neugeborenen auf. Die Mütter wissen sich wohl nicht anders zu helfen und legen die Babys in Parks oder Neubaugebieten am Stadtrand aus. Es kam auch schon vor, dass verzweifelte Mütter ihre Neugeborenen töteten und die kleinen, leblosen Körper in Plastiktüten in den Müll schmissen. Frauen sterben beim Versuch, das Kind allein zur Welt zu bringen. Menschenrechtsorganisationen fordern deswegen seit Jahren eine Liberalisierung des Familienstandrechts, die Erleichterungen für unverheiratete, alleinerziehende Mütter mit sich bringen würde. Frauen sind nämlich im gesetzlich verankerten, patriarchalen Weltbild einiger Männer gefangen. Für diese Männer und ihre Komplizinnen gibt es nur »Vater, Mutter, Kind«. Alles andere ist nicht vorgesehen, obwohl weite Teile der Gesellschaft bereits eine ganz andere Realität leben.

Immerhin ist die »Pille danach« in Marokko, anders als in Polen, Saudi-Arabien oder auf den Philippinen, seit 2008 erlaubt und überall rezeptfrei erhältlich. In Deutschland ist dies erst seit dem Jahr 2015 der Fall. Diese Liberalisierung hat dazu beigetragen, dass einige Frauen erst gar nicht in die Situation gebracht werden, sich oder das Leben eines Neugeborenen in Gefahr zu bringen oder gar zu beenden. Im Gesetzbuch steht, dass Abtreibungen in Marokko erlaubt sind, wenn das Leben der Mutter in Gefahr ist. Außerhalb dieser Regelung wird eine Abtreibung mit bis zu einem Jahr Gefängnisstrafe geahndet. Dennoch hat jede dritte Marokkanerin laut Erhebungen einiger Frauenrechtsorganisationen mindestens einmal im Leben abgetrieben. Die Dunkelziffer liegt viel höher. Es gibt zu illegalen Abtreibungen zwar keine offizielle Statistik, laut Schätzungen von zivilen Gesundheitsorganisationen sind es aber pro Tag zwischen 500 und 800 Eingriffe in gynäkologischen Kliniken oder Wohnzimmern dubioser Heilpraktikerinnen im ganzen Land. Eine illegale Abtreibung kostet in einer Privatklinik umgerechnet sechzig bis hundert Euro, viele Ärzt*innen führen sie durch.

Wer das Geld dafür nicht hat, geht zur Kräuterfrau oder zum Gewürzhändler in die Altstadt oder aufs Dorf. Für ein paar Dirham brauen sie ihren Kundinnen einen giftigen Tee zusammen. Viele Frauen überleben diese gefährliche Methode nicht.

Bunga-Bunga

Es gibt Tage im Leben, an die kann man sich ewig erinnern. Man weiß exakt, wo man war, was man getan, wie es gerochen, wer einen begleitet hat. Es passiert Historisches, und ins Gedächtnis brennt sich das Gefühl ein, das damals durch den Körper strömte. Und so kann ich mich genau an den 27. Mai 2010 erinnern. An dem Tag kam »Sex and the City 2« offiziell in die Kinos. Ich war als Student in Berlin chronisch klamm, und es war schon Ende des Monats, aber ich war bereit, für einen Kinobesuch ein paar Tage Ramadan zu machen, bis zum nächsten bescheidenen Zahlungseingang auf meinem Konto.

Meine Begeisterung kannte dennoch keine Grenzen. Schließlich hatte ich noch wenige Jahre zuvor mit meiner pubertierenden Autorität dafür sorgen müssen, dass meine Familie einmal pro Woche aus dem Fernsehzimmer verschwand, damit ich in Ruhe meine Lieblingsserie gucken konnte. Mit 15, 16, 17 Jahren feierte ich »Sex and the City« als meine persönliche Verwandlung zum mündigen Bürger. Endlich selbstbestimmt, fabelhaft auftretend, chic gekleidet, jetsettend durch die Welt: Das alles wollte ich unbedingt sein. Die Hauptfigur der Serie, die New Yorker Kolumnistin Carrie Bradshaw, war meine Heldin.

»Sex and the City 2« spielt zu einem großen Teil in den Vereinigten Arabischen Emiraten. Als die Behörden dort erfuhren, dass die filmische Fortsetzung der Kultserie aus den 2000er-Jahren am Arabischen Golf gedreht werden sollte, winkten sie ab. Die schlüpfrigen Sexkapaden von Carrie Bradshaw und ihren Freundinnen Miranda Hobbes, Charlotte York und der besonders sexuell befreiten und vom Patriarchat emanzipierten Samantha Jones passten nicht zum konservativen Selbstverständnis der Machthaber in Abu Dhabi. Kein Problem für die Filmemacher. Denn wenn jemand ein bisschen Fantasie-Orient braucht, in weißen Gewändern luftig gekleidete Männer, Kamele in der Wüste oder einfach eine Tausendundeine-Nacht-Kulisse: Marokko drängt sich da quasi auf. Dort darf man als weiße Person alles machen. Und so wurde der Film letztendlich in Marrakesch gedreht. Noch heute erzählen die Bewohner*innen der Stadt im Süden Marokkos stolz, dass Carrie Bradshaw einst da war.

Am 27. Mai 2010 ist auch ein anderes einschneidendes Ereignis in die Geschichtsbücher und mein Leben eingegangen: Abends, während ich im Kino saß, wurde eine junge Marokkanerin in Italien festgenommen. Die damals 17-jährige Karima el-Mahroug lief der Polizei in Mailand quasi in die Arme. Jemand hatte das Escortgirl zuvor beschuldigt, Bargeld und eine Uhr gestohlen zu haben. Doch das Mädchen, das später der Weltöffentlichkeit als Ruby Rubacuori, also Ruby, die Herzensbrecherin, bekannt wurde, hatte mächtige Freunde. Nur wenige Augenblicke nach ihrer Festnahme griff der damalige italienische Ministerpräsident Silvio Berlusconi zum Hörer und behauptete – wie später vor Gericht bestätigt wurde –, dass die Polizei el-Mahroug unbedingt freilassen müsse. Sie sei die Nichte des ägyptischen Diktators und seines guten Kumpels Hosni Mubarak, die Festnahme würde zu einer diplomatischen Krise zwischen den beiden Ländern führen. Ruby Rubacuori wurde freigelassen. Und mit der flapsigen Notlüge eines der mächtigsten Männer Europas war der Bunga-Bunga-Skandal geboren. Besser als Kino.

In langwierigen Gerichtsprozessen und unzähligen Dokumentationen wurde später bekannt, wie Berlusconi in seinen Immobilien extravagante Partys – besser als Bunga-Bunga bekannt – für seine Geschäftspartner in Wirtschaft und Politik schmiss. Alkohol, Koks, Go-go-Tänzerinnen, Sex in jeder Spielart, ein unendliches Büfett an Fetischen, alles, aber einfach alles, was das heterosexuelle, mysogyne Männerherz begehrte, gab es bei Bunga-Bunga im Angebot. Immer anwesend und stark nachgefragt: junge, manchmal minderjährige Prostituierte und Escortgirls. Erstaunlich viele von ihnen waren marokkanischer Herkunft. Ruby Rubacuori ist dabei nur die berühmteste, die mit ihrer Lebensgeschichte zeigt, wie Frauen aus Nordafrika in der sexistischen und rassistischen Diaspora überleben und dennoch nie als Opfer dastehen.

Karima el-Mahroug gab nach ihrer Festnahme am 27. Mai 2010 unzählige Interviews, in denen sie angab, dass sie nie Sex mit Silvio Berlusconi gehabt habe. Sie habe eine schwierige Kindheit gehabt und mit 14 Jahren aus ihrem Elternhaus ausziehen müssen: Ja, sie habe dem Ministerpräsidenten lediglich Geld und teure Geschenke abgenommen. Ja, sie sei bei seinen Partys dabei gewesen. Ja, sie habe ihn als spendablen Onkel adoptiert. Ja, sie habe seinen Einfluss zum eigenen Vorteil genutzt. Sie sei aber niemals ein Opfer gewesen, diese Feststellung war ihr wichtig. Gegen ihre Viktimisierung verwehrte sich Ruby Rubacuori in jedem Gespräch.

In jeder Maghrebinerin und allgemein Migrantin, so habe ich es in Mailand, in Paris, in Rom, Madrid, Berlin, Casablanca und New York erlebt, schlummert eine resiliente Ruby. Natürlich möchte ich hier nicht den Missbrauch von Minderjährigen romantisieren. Es ist ein Problem, das in Europa allgegenwärtig ist und über das wir als Gesellschaft sprechen müssen, um die Politik zum Handeln zu drängen. Was bei Karima el-Mahroug aber fasziniert: Sie hat sich von niemandem etwas erzählen lassen und konnte mit einem Anruf dafür sorgen, dass der fucking Ministerpräsident Italiens – der nur wenige Tage nach der Mailänder Episode am Tisch der

G-7-Runde der mächtigsten Regierungschefs der Welt Platz nahm – in einer Polizeiwache angerufen und für sie – sagen wir mal – ein gutes Wort eingelegt hat. Wer kann das schon von sich behaupten?

Karima el-Mahroug machte danach – nun als volljährige, mündige Bürgerin – weiter Schlagzeilen. Sie ließ sich zum Beispiel gut bezahlen, um neben Richard »Mörtel« Lugner, dem österreichischen Bauunternehmer, Millionär und König der Peinlichkeiten, beim Wiener Opernball 2011 in der Loge und auf der Tanzfläche fotografiert zu werden. Ruby Rubacuori tat es wieder: Sie stahl einem alten weißen Mann das Herz und nahm ihn ausgiebig aus. Sie lächelte in die Kameras und ging im Blitzlichtgewitter als Siegerin über den roten Teppich.

Als ich am 27. Mai 2010 aus dem Kino trat, ging ich nicht strahlend über einen roten Teppich, sondern fühlte mich ziemlich betrogen. Denn mich überkam die Erkenntnis: »Sex and the City 2« ist ein strunzdummer Film. Nüchtern, mit den Augen eines mündigen Bürgers betrachtet, war die Kultserie weniger inspirierend, als von mir immer imaginiert, ja sie war sogar problematisch. Vor allem der Film spielt mit rassistischen Klischees und zentriert mit Carrie Bradshaw eine Figur, die am besten mit folgenden Worten zu beschreiben ist: verklemmt, hinterlistig, selbstbezogen, hyperprivilegiert und dabei sehr unreflektiert, weinerlich, langweilig-bürgerlich, latent queerfeindlich und das Gegenteil von sexpositiv. Von da an, so habe ich mir geschworen, sollte Ruby Rubacuori meine Heldin sein. Sie hatte auch mein Herz gestohlen.

Poly…gamie!

Was Serien wie *Verbotene Liebe, Gute Zeiten, schlechte Zeiten* oder die *Lindenstraße* für die Deutschen sind, war für das arabischsprachige Publikum lange Zeit *Die Familie von Hadsch Metwalli.* Die ägyptische Comedy-Serie, die im Ramadan 2001 zum ersten Mal ausgestrahlt wurde, dreht sich um den steinreichen Hadsch Metwalli, der eine Frau nach der anderen heiratet. Die Scharia, so legen es viele muslimische Männer aus, erlaube ihnen immerhin bis zu vier Ehefrauen gleichzeitig zu haben. Mit der Figur des Hadsch Metwalli wird die maßlose Überforderung arabisch-muslimischer Männer angesichts dieser Polygamie karikiert. Mit jeder Frau, die der Patriarch in die Familie holt, verschärfen sich die Konflikte. Denn jede von ihnen erliegt dem Irrtum, sie sei seine einzig wahre Liebe – bis Hadsch Metwalli eben eine neue anschleppt. Die Scharia besagt, dass Mann »für jede Frau angemessen und gleichberechtigt sorgen müsse«, was bedeutet: gleiche Ausgaben, gleicher Zeitvertreib und gleiche sexuelle Befriedigung für jede Frau. Vers vier der Sure »Die Frauen« im Koran lautet: »Und wenn ihr fürchtet, ihr könnt nicht billig handeln, dann (heiratet nur) eine oder was eure Rechte besitzt.«

So zieht Hadsch Metwalli als guter Moslem jeden Abend aufs Neue zu einer seiner vier Ehefrauen in die verschiedenen Häuser, die er ihnen bauen ließ. Er muss sich ihre Sorgen anhören, ihre Wünsche erfüllen, sicherstellen, dass die anderen Frauen nicht ins Hintertreffen geraten. Der alte Metwalli muss für ihre sexuelle Befriedigung hart arbeiten. Irgendwann machen sein Körper und sein Verstand nicht mehr mit. Er fällt ins Ehe-Koma.

Natürlich ist das Skript von *Die Familie von Hadsch Metwalli* sehr sexistisch, der Kern der Geschichte stimmt aber: Jene Männer, die sich entscheiden, in polygamen Beziehungen zu leben, sind meistens überfordert. Und die Vielweiberei nach islamischem Recht diskriminiert Frauen aktiv. In einigen Ländern haben die Gesetzgeber – meistens ja Männer – das verstanden und das Familienrecht angepasst. In Tunesien wurde die Polygamie schon Ende der Fünfzigerjahre nicht nur verboten, sondern auch unter Strafe gestellt: Wer eine zweite Frau (auch informell vor einem Imam zum Beispiel) heiratet, wandert ein Jahr ins Gefängnis und muss eine empfindliche Geldstrafe bezahlen.

In Marokko ist Polygamie zwar nicht verboten, eine grundlegende Reform des Familienrechts aus dem Jahr 2004 machte sie aber so gut wie unmöglich. Die längst etablierte Reform besagt, dass Männer, die zum Beispiel eine zweite Frau heiraten wollen, beide Partnerinnen über die Existenz der jeweils anderen informieren und die ausdrückliche Erlaubnis der ersten Frau einholen müssen. Einige Männer hatten sich in der Vergangenheit einfach heimlich eine Zweit-, Dritt- oder Viertfrau besorgt, das ging spätestens seit 2004 in Marokko nicht mehr. Ein*e Richter*in muss sich diese Erlaubnis kritisch anschauen. Beim Eindruck, dass die Frauen nicht aus freien Stücken die Polygamie ihres Ehemannes genehmigen, kann der Antrag abgelehnt werden. Gerichte dürfen sich die finanziellen Ressourcen des mehrehewilligen Mannes anschauen und einschätzen, ob er sich zwei, drei oder vier Frauen samt möglichem Nachwuchs überhaupt leisten kann. Es liegt auf der Hand, dass sich nur sehr wenige Männer auf dieses Abenteuer einlassen. Selbst der reiche Hadsch Metwalli könnte heute nach marokkanischem Recht nicht mehrere Ehefrauen haben, weil die erste schon ihr Veto eingelegt hätte.

Laut dem Meinungsforschungsinstitut Pew Research Center ist Polygamie auch in den anderen Ländern Nordafrikas und des Nahen Ostens eher eine Ausnahme. Ich habe sehr lange nachgedacht, und mir wurde klar, dass ich nur einen einzigen Mann kenne, der mehr als eine Frau geheiratet hat: mein Großvater mütterlicherseits. Nachdem meine Großmutter ihm neun Kinder geschenkt hatte, hat er um die Jahrtausendwende in seinem Dorf eine andere geheiratet. Meine Oma war einfach zu faul, sich um die Scheidung zu kümmern. Immer wenn sie darauf angesprochen wurde, winkte sie ab: »Mit dem will ich gar nichts mehr zu tun haben.« Selbst zum Scheidungsanwalt zu gehen wäre zu viel verlangt gewesen. Meine Mutter hat ihren Vater für seine Entscheidung, eine zweite Frau einfach so zu heiraten, schlicht gehasst. Bis heute hat sie ihm nicht vergeben. Deswegen haben wir ihn als Kinder äußerst selten gesehen. Meine Tanten und Onkel mussten sich nach der zweiten Ehe ihres Vaters entscheiden, ob sie Team Oma oder Team Opa waren: Oma hat haushoch gewonnen. Sie wohnte bei ihren Kindern in Südfrankreich und pendelte regelmäßig nach Marokko. Er lebte mit seiner Zweitfrau auf dem Land, und nur ganz wenige seiner Kinder kamen zu Besuch. Die islamische Polygamie hat diese Familie kaputt gemacht.

Sonst kenne ich weder in der Generation meiner Eltern noch in meiner Generation jemanden, der sich auf die Vielehe eingelassen hat. Und für die meisten Leute, die jünger sind als ich, kommt das sowieso nicht infrage.

Eine meiner Berliner Freundinnen stammt aus Ägypten, wo Polygamie legal ist, aber nur von einem Prozent der Ehemänner praktiziert wird. Sie ist für ihr Promotionsstudium vor wenigen Jahren nach Deutschland gezogen. Im Deutschkurs, so erzählte sie mir, habe die Lehrerin mit ihnen »die Diversität der deutschen Familie« besprochen. Es ging um lesbische Mütter, Regenbogenfamilien und alleinerziehende Elternteile. Als Vorbereitung auf den Deutschtest spielte die Lehrerin mit den Sprachschüler*innen ein Quiz durch. Es gebe ein Familienmodell, das »im Orient« sehr beliebt sei. Meine Bekannte kam nicht drauf, und die Lehrerin versuchte, ihr mit einem Tipp weiterzuhelfen: »Poly…?« Meine Freundin überlegte kurz und vervollständigte das Wort mit: »…amorie?«

Natürlich ist das Prinzip der Polygamie, so wie es im Scharia-Gesetz steht, frauenfeindlich, weil Frauen ja nicht mit dem Segen Allahs gleichermaßen herumhuren dürfen. Es ist allerdings schon interessant, dass polyamore Beziehungen unter Nicht-Muslim*innen ganz anders *geframed* werden als polygame Beziehungen im Islam. Ich stand neulich in Los Angeles vor der ehemaligen Playboyvilla von Hugh Hefner und habe deutsche Touris dabei beobachtet, wie sie begeistert Selfies gemacht haben. Dabei würde Hugh Hefner mit seinem Frauenbild und einem Bart vielleicht auch gut als Taliban durchgehen. Sie finden das jetzt zu weit hergeholt? Grundsätzlich kann jede Person tun und lassen, was sie will, solange sie anderen Menschen mit Respekt und Menschlichkeit begegnet. Was mich stört: Ein weißer (polyamorer) Mann ist das Maximum an Fortschritt und sexueller Befreiung, ein nicht weißer Mann mit mehr als nur einer Partnerin das Maximum an Unterdrückung und Frauenfeindlichkeit. Dabei sollte man mal die betroffenen Frauen fragen, wie sie das Ganze sehen. Mal besteht bei allen beteiligten Parteien die Einwilligung, dann ist alles gut. Zumindest im Fall Hugh Hefner hatten aber viele Frauen sehr schlimme Dinge zu berichten: zwangsverabreichte Drogen, psychologische Manipulation, Vergewaltigungen, Machtmissbrauch. Mir leuchtet es nicht ein, warum Hefner zur Kultfigur stilisiert wurde. Und es gibt sehr viele Hugh Hefners *out there*.

Gemäß des beschriebenen Doppelstandards war es auch kein Wunder, dass mich ein Chefredakteur mal nach Berlin-Neukölln schickte, um die Situation mit der Polygamie unter Arabern nachzurecherchieren. Die *Bild*-Zeitung hatte zuvor unter der Schlagzeile »SCHARIAREPORT DEUTSCHLAND« behauptet, dass angeblich dreißig Prozent der arabischstämmigen Männer in Neukölln mit zwei oder mehr Frauen verheiratet seien. Auch im *Spiegel,* beim Springer-Blatt *Die Welt* und in einer sehr ausführlichen Reportage des *RTL*-Magazins »Extra« einer bekannten ehemaligen Journalistin wurde diese Zahl genannt und behauptet: Jeder dritte arabische Mann in Neukölln lebe mit zwei oder mehr Ehefrauen. Und als wäre das nicht Skandal genug: Die arabischen Polygamisten, hieß es in den Berichten, würden ihre steinzeitliche Lebensweise dafür nutzen, Sozialbetrug zu betreiben, indem sie ihre verschiedenen Partnerinnen Arbeit suchend meldeten und zwischen den Wohnungen pendelten. So würden sie die Bedarfsgemeinschaftsregel umgehen und mehr Geld kassieren.

Ich ging also nach Neukölln, recherchierte nach und fand heraus: alles erfunden. Die dreißig Prozent arabischer Polygamisten fanden sich nirgendwo zwischen Hermannplatz und Neuköllner Tor. Ich hatte tatsächlich einen arabischen Mann gefunden, der mit zwei Frauen zusammen war, offiziell oder inoffiziell verheiratet waren sie allerdings nicht: Sein Fall würde streng genommen also unter Polyamorie fallen. Und damit hat ja die Mehrheitsgesellschaft kein Problem. Ein Sozialarbeiter, der in einigen Berichten (wahrscheinlich mit Absicht) falsch zitiert worden war, zeigte sich empört, als ich ihm die Lügen der *Bild*-Zeitung auf den Tisch legte. Niemand hatte ihm zuvor die entsprechenden Berichte gezeigt. Er habe vor Jahren mal einem Reporter erzählt, dass dreißig Prozent der arabischen Ehen in Neukölln mit einer Scheidung endeten. »Von Polygamie war nie die Rede.« So entstehen Bilder über Muslim*innen, die nicht stimmen.

+++ *Achtung, es folgt ein Spoiler der Serie* Die Familie von Hadsch Metwalli +++

In der finalen Folge versammelt Hadsch Metwalli seine vier Frauen um sich. Er lag ehestressbedingt einen Monat auf der

Intensivstation in Lebensgefahr. Nach seiner Entlassung aus dem Krankenhaus erfährt Metwalli, dass seine Geschäfte nicht nur nicht mehr laufen, er muss alle Vermögenswerte auflösen und Insolvenz anmelden, um die horrenden Steuerforderungen des Staates begleichen zu können und nicht ins Gefängnis zu wandern. Wegen seiner Krankheit konnte er sich nicht um sein Business kümmern, alles ging den Bach runter. Die vier Frauen sind schockiert. Drei von ihnen, jene, die ihn wirklich lieben, geben ihr Gold, ihre Diamanten, Autos, Ersparnisse und Häuser ab, um die restlichen Schulden zu begleichen. Die jüngste Frau aber, die es von Anfang an nur auf das Vermögen von Hadsch Metwalli abgesehen hatte, bittet um die Scheidung. Ab sofort lebt Metwalli mit seinen drei verbliebenen Frauen in bescheidenen Verhältnissen und erzählt, dass er seiner Ex-Frau anstatt echter Diamanten immer nur billige Imitate geschenkt hatte. »Ich habe ihr sowieso nie getraut, ich hätte sie nie heiraten sollen«, sagt er. Die anderen Frauen, die ihre jüngste Konkurrentin allesamt hassten und deswegen zu strategischen Partnerinnen wurden, befinden sich im siebten Himmel. Hadsch Metwalli muss nun den Rest seines Lebens mit drei gegen ihn verbündeten Feministinnen auf engstem Raum verbringen. Ehe-Liebe hin oder her lautet die Moral dieser Geschichte: Frauen halten zusammen.

Du bist geschieden! Du bist geschieden! Du bist geschieden!

Die schon erwähnte Familienrechtsreform sorgte in Marokko dafür, dass die Scheidungsrate im Land explodierte. Frauen bekamen die vereinfachte Möglichkeit, sich scheiden zu lassen, und viele Marokkanerinnen machten davon schlicht Gebrauch. Ließen sich im Jahr 2004 nur 7213 Ehepartner*innen scheiden, waren es 2019 mit 55 470 fast achtmal so viele. Im Jahr 2020, als das ganze Land monatelang in einen strikten Corona-Lockdown musste, wurden Gerichte regelrecht überflutet mit Anträgen von Frauen, die sich scheiden lassen wollten. Jede dritte Ehe wird laut Zahlen des marokkanischen Justizministeriums geschieden. In anderen Ländern der Region sehen die Statistiken ähnlich aus. In Deutschland, und das ist für einige vielleicht erstaunlich, liegt die Scheidungsrate ebenfalls bei rund 38 Prozent, auch hierzulande kommt auf drei Eheschließungen eine Scheidung. Dabei haben es Partner*innen in Deutschland zum Beispiel schwerer, sich legal aus einer Ehe zu verabschieden. Der deutsche Staat sieht eine Trennungszeit von mindestens einem Jahr vor, in dem »Tisch und Bett« zwischen den Ehepartner*innen nicht mehr geteilt werden dürfen, um eine Scheidung durchzuziehen. Im Maghreb kennt das Gesetz eine solche Sperrfrist nicht.

Traditionell kann eine Scheidung in Marokko, aber auch in anderen mehrheitlich islamischen Ländern, erstaunlich einfach über die Bühne gehen. Es reicht, folgenden Satz exakt drei Mal hintereinander zu wiederholen: »Du bist geschieden! Du bist geschieden! Du bist geschieden!« Und schon ist man wieder Single. Natürlich gibt es dabei einen großen Haken: Diese Formel können nur Männer aussprechen. Einige islamische Rechtsschulen sehen diese dreifache Scheidungsformel kritisch, aber es gibt genug Imame, die sie gelten lassen (vielleicht aus egoistischen Motiven?). Außerdem erkennt der Staat diese Art der Scheidung natürlich nicht direkt an, es müssen vom Mann dann doch einige echte Formulare ausgefüllt werden. Frauen konnten sich dagegen nie so schnell von ihren Ehemännern trennen – bis Reformen ihnen eben mehr Rechte und der feministische Kampf ihnen mehr Emanzipation verliehen haben.

Bei der Recherche für dieses Kapitel habe ich mir mehrere Folgen einer sehr populären Sendung im marokkanischen Staatsfernsehen angeschaut. Es ist das Pendant zur deutschen *Richterin Barbara Salesch*. Schauspieler*innen spielen in der marokkanischen Version Fälle aus dem wahren Leben nach, die vor echten Gerichten gelandet sind. Oft geht es darum, dass sich Frauen von ihren alkoholabhängigen, schlagenden oder schlicht nichtsnutzigen Ehemännern trennen wollen. Die Folgen endeten bisher immer damit, dass der Scheidung stattgegeben wurde und ich in Jubel ausbrach. Die Sendung dient vielen Frauen in Marokko als juristische Weiterbildung zur Primetime. In etlichen Onlineforen tauschen sich die Frauen aus, wie sie aus ihren unglücklichen Ehen herauskommen. Viele beziehen sich dabei auf diese Sendung, die Staatspropaganda will anscheinend, dass sich die gesetzlich garantierte Selbstbestimmung der Frauen herumspricht. Ich muss vielleicht erwähnen, dass ich der Institution Ehe grundsätzlich skeptisch gegenüberstehe. Warum sollte ich (außer wegen des umstrittenen Ehegattensplittings?) meine Beziehung ausgerechnet vom Staat legitimieren lassen? Für viele Menschen, auf allen Seiten des Mittelmeers, ist die Ehe allerdings eine Institution. Sie prägt die Lebensplanung, erfüllt Partner*innen mit Glücksgefühlen, stürzt einige manchmal aber ins Verderben.

Es wäre zu romantisierend, an dieser Stelle zu behaupten, Frauen wären in Marokko, Algerien, Tunesien oder Ägypten frei und könnten Missbrauch und Gewalt in der Ehe einfach so entgehen. Bei einer repräsentativen Umfrage aus dem Jahr 2019 gaben 52,1 Prozent der verheirateten Marokkanerinnen an, Gewalt in der Ehe erfahren zu haben: physisch oder psychisch oder sexualisiert oder eine Kombination daraus. Zum Vergleich: Im selben Zeitraum gab jede vierte Frau in Deutschland an, mindestens einmal Opfer körperlicher oder sexueller Gewalt durch ihren aktuellen oder früheren Partner geworden zu sein. Betroffen von dieser Gewalt seien laut einer Analyse der deutschen Kriminalstatistik Frauen aller sozialen Schichten und Hintergründe.

Scheidung kann nicht in allen, aber in vielen Fällen ein erster Schritt sein, sich aus einer gewalttätigen Beziehung zu befreien. Aber natürlich geht es bei der Auflösung einer Ehe nicht immer um Gewalt. Die Ehepartner*innen sind vielleicht einfach unglücklich, haben sich bei der Heirat getäuscht und erst später gemerkt: Das ist nichts für mich, da ist keine Liebe, die Initialzündung ist verpufft. So wie bei Salma, der Freundin meiner Schwester, die erst nach ihrer Schwangerschaft verstand, dass sie sich in einen selbstverliebten Nichtsnutz verknallt hatte.

Doch obwohl es in vielen nordafrikanischen Ländern nun vergleichsweise leicht ist, sich scheiden zu lassen, verharren viele Ehepartner*innen in ihren unglücklichen Beziehungen. Oft hindert sie die Glaubenspraxis, die Tradition oder der Wille, eine Fassade aufrechtzuerhalten, daran, getrennt voneinander ein neues Leben zu beginnen. Wie folgendes Beispiel zeigt:

Ich besitze zwar einen Führerschein, zur Sicherheit der anderen Verkehrsteilnehmenden verzichtete ich in Ägypten allerdings darauf, mich ans Steuer zu setzen. Deswegen fuhr mich

Botros durch das ganze Land. Er hatte vor der Revolution von 2011 als Fremdenführer gearbeitet. Mit der sich verschärfenden politischen und wirtschaftlichen Krise blieben die Tourist*innen allerdings fern, und ich hatte quasi, wann immer ich ihn brauchte, einen Chauffeur für mich und meine Arbeit zur Verfügung. In Kairo brachte er uns während des Militärputsches mit seinem klapprigen Auto aus den Schusslinien in Sicherheit. Auf dem Land in Oberägypten oder Richtung Alexandria fuhr er mich zu Reportage-Einsätzen, und wir hatten stundenlange Fahrten, um zu reden. Botros war ein softer Typ, sein Lachen erinnerte mich ein bisschen an Michael Jackson, seine lockigen schwarzen Haare auch. Er hatte niemanden, um über seine Eheprobleme zu sprechen, das merkte ich nach wenigen Monaten der Zusammenarbeit. Deswegen schenkte ich ihm mein Ohr, in der Hoffnung, es würde ein bisschen Druck von seiner Seele und seinem Herzen nehmen. Natürlich habe ich nur seine Version der Geschichte gehört, aber was auf jeden Fall stimmen musste: Die Ehe von Botros war kaputt. Er hasste seine Frau, sie hasste ihn, und die beiden sagten sich das angeblich regelmäßig ins Gesicht.

Er erzählte mir, wie sie ihn vor ihrer Mutter, die mit ihnen in einem Haus lebte, demütigte und beschimpfte. Seine Ehefrau habe aus Rache allen erzählt, dass er sie im Bett nicht befriedigen könne. Der gemeinsame Sohn, der damals erst im Grundschulalter war, dachte, sein Vater sei ein Loser, weil die Mutter ihm das immer wieder sagte. Botros erzählte mir, wie er jeden Abend auf dem Sofa alleine darüber grübelte, wie er sich aus seiner unglücklichen Lage befreien konnte. Und freute sich gerade deshalb jedes Mal über meine Chauffeur-Anfragen. Bloß weit weg von seiner Ehe gen Norden oder Süden oder Westen oder Osten. Ihm fehlte Körperkontakt, ihm fehlte Geborgenheit und Liebe. Als er mir das erzählte, zitterte er am Steuer. Ich bat ihn, kurz anzuhalten, und er fuhr im wirren Kairoer Abendverkehr rechts ran. »Warum lasst ihr euch dann nicht einfach scheiden, Botros?«, fragte ich ihn. »Ihr Muslime könnt das so leicht sagen«, antwortete er. »Bei uns Christen gibt es nur einen Scheidungsgrund: den Tod.«

Masturbieren auf Islamisch

In Kairo brach rund um Mitternacht das Mobilfunknetz regelmäßig zusammen. Ich nutzte in meiner kleinen Wohnung einen USB-Stick, der sich, an meinen Laptop angeschlossen, über das 4G-Netz mit dem Internet verbinden ließ. Tagsüber recherchierte ich für meine journalistischen Reportagen, abends schrieb ich zu Hause an meiner Masterarbeit. Doch spätestens gegen 23:30 Uhr ging gar nichts mehr, selbst eine simple PDF-Datei mit ein oder zwei Seiten konnte ich nicht mehr herunterladen. Bis eine halbe Stunde nach Mitternacht dauerte diese technische Panne üblicherweise, dann flossen die Daten wieder problemlos durchs Netz. Nachdem ich nach einigen Wochen ein Muster in der Störungsroutine erkannt hatte, ging ich zum Servicepunkt des Mobilfunkanbieters. Ich dachte, dass eventuell etwas mit meiner SIM-Karte, dem USB-Gerät oder meinem Tarif nicht in Ordnung war. Ich zog eine Nummer und wartete. Dann erklärte mir der Mitarbeiter ganz trocken, woran die Störung lag: »Nachts schauen die Männer im Viertel Pornos im Bett, sie holen sich einen darauf herunter, das Datenvolumen ist enorm, und die Funkzelle schafft es einfach nicht, mehr Zugriffe zu bedienen.«

Ein kleiner Teil in mir glaubte daran, dass sich das Kommunikationsunternehmen damit wieder mal einfach herausreden wollte. Diesmal halt mit einer etwas kreativen Ausrede. Ich fragte also später den jungen Friseur in meiner Straße, mit dem ich mich angefreundet hatte und von dem ich wusste, dass er einen Internetanschluss vom selben Anbieter nutzte. Er erzählte mir unverblümt, dass er, wie viele andere junge Männer, auf MILF-Pornos stehe. Die Abkürzung steht für »Mom I'd Like to Fuck«, also eine sexuell attraktive Frau in mittlerem bis reifem Lebensalter, am besten mit viel Erfahrung, Autorität und Ausdauer. Das passte so gar nicht zum Vorurteil, arabische oder nordafrikanische Männer stünden auf Jungfrauen. Der Friseur bestätigte also die Darstellung des Unternehmens und gab mir gleich noch einen praktischen Tipp, um die Internetflaute nachts zu umgehen: »Mach es wie ich und lade dir die Videos einfach tagsüber vom Server herunter.« Er schrieb mir die besten Internetseiten dafür auf einen kleinen Zettel, die meisten endeten mit dem russischen Kürzel ».ru«.

Abends arbeitete ich weniger und ging nun also einfach etwas früher ins Bett. Ich konnte nicht anders, als daran zu denken, dass um mich herum im eng bebauten Viertel Männer überall Hand anlegten. Und fragte mich: Wie ist es wohl anderswo in Nordafrika? Weil Sprache viel über Menschen verrät und weil die verschiedenen Dialekte in der Region verschiedene Feinheiten aufweisen, die es anderswo jeweils nicht gibt, folgt nun eine kleine linguistische Analyse der Masturbation:

In Tunesien sagen sie »yokhrot fiha«, wenn sie sich einen runterholen. Das bedeutet wortwörtlich, dass Mann »seinen Schwanz schält« oder kratzt. Was zugegebenermaßen etwas übertrieben und als Sprachbild schmerzvoll erscheint.

In Algerien nutzen viele einfach das französische Verb »se branler«, wie überall in Nordwestafrika wird dabei die Grammatik an die lokale Mundart angepasst. Viele Algerier*innen sagen deswegen: »tbranli« oder in der Ich-Form »nbranli«.

In Ägypten »schlägt man zehn«, wenn man masturbiert. Es ist nicht klar, worauf der Ausdruck »zehn schlagen« ursprünglich rekurriert. Ich habe natürlich versucht, es herauszufinden: Eine These besagt, dass es mit den zehn Fingern der beiden Hände zu tun habe, was aber unwahrscheinlich ist, da Mann ja eher nicht alle zehn Finger dafür braucht. Mehr Sinn ergibt die Erklärung, dass viele Männer (auf der ganzen Welt) sich mit zehn Schlägen, also Auf-und-ab-Bewegungen, beim Masturbieren begnügen. All diese etymologischen Spekulationen sind natürlich anzuzweifeln.

In Marokko ist das Verb »kefet« sehr verbreitet. Es kommt von *Kefta*. Ja, das sind die Frikadellen, die in Deutschland türkisiert als *Köfte* bekannt sind. In Marokko werden diese Buletten meist aus Rinderhack gemacht und mit Zwiebeln, Petersilie, Koriander, Salz, Pfeffer, Ingwerpulver, Cumin, süßem Paprika, etwas Chili, ein wenig Abrieb einer Muskatnuss, fein gehackter Nelke und einer Prise Zimt gewürzt. Die Buletten werden lang gezogen, mit der Hand zusammengedrückt und, bis sie in der richtigen Form für den Grill sind, liebevoll massiert. So wie ein Mann eben seinen Penis beim Masturbieren ausgiebig bearbeitet. Marokkanisches Arabisch ist eine sehr genussorientierte Sprache.

Auf Hocharabisch wird fürs Masturbieren ein eher staatstragender und trockener Ausdruck benutzt: »al-'ada as-siriyya«. Was so viel bedeutet wie: die geheime Angewohnheit. Diese sehr verschwurbelte Bezeichnung, die sich mehr auf den Kontext und weniger auf den Akt an sich bezieht, sagt viel aus. Wie in den meisten anderen Gesellschaften geht man im arabischsprachigen Raum etwas verklemmt mit dem Thema Selbstbefriedigung um. Immerhin transportiert das Hocharabische auf eine ehrliche Art und Weise dieses Verklemmtsein. Und ich habe bis jetzt noch gar nicht über die Selbstbefriedigung von Frauen geschrieben. Diesem Thema widme ich das nächste Kapitel. An dieser Stelle möchte ich zunächst einmal betonen: Zwar scheint der Islam, zum Beispiel im Vergleich zum Katholizismus, irgendwie eine sexpositive Religion zu sein, die verschiedenen Dialekte bieten viele Bezeichnungen für die (männliche) Selbstbefriedigung an, und die Menschen in Nordafrika schälen sich selbst gerne einen, nur übers Masturbieren wird eben auch hier eher selten gesprochen. Vielleicht dann doch eher unter Männern, im Mobilfunkshop oder beim Friseur. Aber das sind eventuell auch nur Ausnahmen.

Einen anderen dieser seltenen Momente der kommunikativen Offenheit habe ich ausgerechnet in einer Moschee in Kairo erlebt. Manchmal gehe ich einfach so an sonderbare Orte, um mir die Menschen anzuschauen und zu verstehen, wie eine Gesellschaft tickt. In New York habe ich mich zum Beispiel einen halben Tag in einen Gerichtssaal gesetzt, in Paris habe ich die Bourgeoisie beobachtet, wie sie im Dachrestaurant des bekannten »Institut du monde arabe« dinierte, in Kairo habe ich mich einfach in die Sprechstunde eines Imams nach dem Nachmittagsgebet begeben. Jeden Tag würde der Geistliche dann Fragen von seinen Gläubigen beantworten, hieß es. Es ging manchmal um Formalitäten (zum Beispiel beim Thema Erbe), manchmal um Glaubensfragen (zum Beispiel welcher Prophet welchen Stellenwert hat,) und manchmal ging es halt: um zehn Schläge.

Wir saßen zu viert oder fünft im großzügigen und zu kühl klimatisierten Büro des Moschee-Oberhaupts im Zentrum von Kairo. Der Imam bedeutete einem jungen Mann, der wohl erst vor Kurzem volljährig geworden war, mit einer Handbewegung, dass er nun seine Frage stellen könne. Der Mann schaute erstaunt in die Runde, seine Augen fragten stumm, ob er jetzt vor allen reden sollte. Er drückte seine Schirmmütze nervös in seiner Hand zusammen. Der Imam, in seinem typischen Outfit der islamischen Azhar-Universität aus langem Gewand und rotem Turban mit weißem Rand, beruhigte und ermutigte ihn. »Dies ist ein geschützter Raum, es ist eine Sünde, die Privatsphäre anderer Menschen zu verletzen, und es ist eine Sünde, seine Geschwister im Islam auszulachen.« Der Imam schaute ernst in die Runde. Was in der Moschee besprochen wird, bleibt auch in der Moschee.

Der junge Mann, sichtlich aus bescheidenen Verhältnissen stammend, konnte kein Hocharabisch. Er sprach im ägyptischen

Dialekt: »Abends, wenn ich schlafen gehe, zwischendurch, wenn ich aufwache, morgens, wenn ich aufstehe, wenn ich zur Arbeit gehe, ja, sogar wenn ich in die Moschee komme, kann ich nur daran denken, wie ich mir zehn Schläge verpasse. Ich fühle mich schmutzig. Ich hoffe auf Ihren Rat.« Der Imam staunte nicht schlecht und erklärte, nur falls es jemand nicht mitbekommen habe, dass man in der Moschee natürlich nicht masturbieren dürfe. Er fragte nach, wie oft der junge Mann seinen Fantasien nachgehe. »Sehr, sehr, sehr oft«, lautete die Antwort unpräzise.

»Ich weiß, was helfen wird«, sagte der Imam. »Jedes Mal, wenn dich der Teufel auf die Sünden des Diesseits bringen möchte, musst du einfach zehn Mal die ›Ayat al Kursiy‹ rezitieren.« Der Text der »Ayat al Kursiy« (Thronvers) ist Vers Nummer 255 der Sure *Die Kuh*. Er fängt so an: »Gott, es gibt keinen Gott außer Ihm, dem Lebendigen, dem Beständigen. Nicht überkommt Ihn Schlummer und nicht Schlaf.« Die Kernbotschaft des Vers: Allah sieht alles.

In vielen muslimischen Haushalten hängt der Thronvers golden umrahmt an prominenter Stelle, auch in meinem Elternhaus schmückt eine künstlerische Kalligrafie von Vers 255 das große Gästezimmer.

Der junge Mann lächelte, er konnte den Text auswendig, er bedankte sich beim Imam und ging rückwärts zur Tür. Als die wieder zuging, schaute der Geistliche in die Runde. Die jungen Leute von heute, sagte er, müssten erst mal ein Gefühl für ihre Körper und ihre Seelen bekommen. Es sei nicht schlimm, manchmal den eigenen Körper zu entdecken. Aber in der Moschee an die geheime Angewohnheit zu denken sei schon etwas übertrieben. Der Thronvers werde das Blut garantiert wieder in sein Gehirn leiten. Niemand könne sich zehn Schläge verpassen, wenn Allah von oben auf ihn herabschaue. Der Imam lachte laut auf.

Was meine allererste Freundin wirklich von mir wollte

Die neunte Klasse ist in Marokko purer Stress für junge Menschen. Wer sie nicht besteht, kann nicht aufs Gymnasium wechseln. Und deswegen haben sehr viele Jugendliche einfach nur Angst vor der Nummer 9. Mit meiner damaligen Freundin war ich in der achten Klasse zusammengekommen. Sie war die lustige, laute, extrovertierte Schülerin mit den schlechten Noten, die so gar nicht zu mir als Streber passte. Deswegen waren wir in der Sekundarstufe das Hinguckerpärchen schlechthin. Offizialisiert haben wir unsere Beziehung im McDonald's, dort, wohin jugendliche Turteltäubchen und fest im Sattel sitzende verlobte Paare zum Dinieren ausgingen. Der Burger war teuer, schmeckte nach ranzigem Fett, und dennoch war es schön, an diesem Ort den heiligen Bund der Jugendliebe zu feiern.

Im neu eröffneten McDonald's habe ich ihr das erste echte Geschenk überreicht. Ich muss mich an dieser Stelle bei meiner Schwester entschuldigen: Es stimmt, ich habe deine blauen Ohrringe aus der Schmuckschatulle genommen und sie meiner Flamme geschenkt. Zeynab wollte unbedingt diese Ohrringe mit den blauen Kristallen haben, du hast sie nie getragen, und ich habe sie nirgendwo gefunden. Es tut mir leid. Auch weil es sich nicht gelohnt hat, dich zu beklauen. Das sollte ich aber erst später kapieren.

2003 war die große Zeit der SMS. Zeynab schrieb mir vor allem abends Dutzende davon. Es gab damals schon Pakete, mit denen man 100, 200 oder sogar 500 SMS zum Pauschalpreis verschicken konnte. Am Anfang unserer Beziehung, wenn man dieses jugendliche Abenteuer überhaupt so nennen kann, waren es sinnentleerte Nachrichten, die wir uns hin- und herschickten. Wie: »Heute war so ein langer Tag!« und »Ja, da hast du recht!« oder »Der Mathelehrer ist doof!« und »Ich stimme dir total zu!«

Mit der Zeit wurden die Nachrichten intimer, und wir hatten so etwas wie SMS-Sex, heute würde man *Sexting* (angelehnt an *Texting*) dazu sagen. Irgendwann schrieb sie mir: »Ich liege auf dem Bett vor dir und schließe die Augen. Wo würdest du mich anfassen?« Ich weiß nicht genau, was ich ihr zurückgeschrieben habe. Ich weiß aber noch sehr gut, dass sie eine Rückfrage stellte: »Sicher? Nicht weiter unten?« Ich sprang in meinem Zimmer herum und dann zum Rechner. Ich wollte im Internet nachschauen, was eine gute Antwort sein könnte. Dann überkam mich aber der Mut, und ich antwortete einfach: »An deinem Taboun.« Wer die vorherigen Kapitel aufmerksam gelesen hat, weiß, dass *Taboun* das vulgäre Wort für das weibliche Genital ist: Pussy oder Muschi sind passende Übersetzungen. Ich schaute auf das Display meines Telefons und hielt den Atem an. Es vergingen Sekunden der Ungewissheit, die sich wie eine Ewigkeit anfühlten. Nichts regte sich, und ich dachte: Dahin ist sie, deine erste Liebe. Dann klingelte und vibrierte mein klobiges Handy, und sie schrieb mir, wie sie sich gerade an ihrem *Taboun* anfasse. Es war als Jugendlicher die erste direkte Bestätigung: Frauen befriedigen sich selbst. Musliminnen befriedigen sich selbst. Sie machen *Kefta* aus ihren *Tabouns,* sie schlagen zehnmal drauf oder schälen sie sich doch einen? Warum gibt es in den meisten Sprachen, auch umgangssprachlich, eigentlich kein etabliertes, sexy und sinnvolles Wort für die weibliche Selbstbefriedigung? Im Deutschen, und ich schwöre auf Allah, das habe ich mir jetzt nicht ausgedacht, stehen folgende Ausdrücke zur Auswahl: die

Melone spalten, den versunkenen Schatz heben, das Touchpad polieren, Doppelklick auf die kleine Maus, die Butter zum Blubbern bringen, die Handtasche ausräumen, den Zaubergarten jäten, den Ursprung der Welt finden, den Finger in die offene Wunde legen. Offene Wunde!!?? Wer sagt so etwas? Die deutsche Sprache ist einfach sehr unsexy.

Zumindest in Ägypten findet sich ein nicht infantiler Ausdruck für die vaginale Selbstbefriedigung: siebeneinhalb schlagen. Laut ellenlangen Diskussionen in arabischen Internetforen geht es hierbei darum, dass die Ziffer sieben in der ostarabischen Schreibweise dem Buchstaben V ähnelt. Immerhin würden viele Frauen mit dem Victory-Zeichen Hand anlegen, lautet der Konsens innerhalb der arabischen Netzgemeinde. Beim zusätzlichen »halb« scheiden sich allerdings die Geister, einige sind der Überzeugung, dass es nur ein Gag sei, andere (meist männlich auftretende User) sagen, dass Frauen halt immer noch einen halben Kilometer mehr brauchen bis zum Orgasmus, und dann gibt es noch die Überzeugung, dass bei 7,5 (westarabische Schreibweise) oder ٧٫٥ (ostarabische Schreibweise) alles mathematisch Sinn ergebe:

٧ = Technik mit Fingerspitzengefühl.

٫ = Symbol für die Klitoris, die nie vergessen werden sollte.

٥ = Symbol für die Schamlippen bzw. die Scheide.

Am nächsten Tag in der Schule tat Zeynab so, als hätten wir nie Sex-SMS ausgetauscht. Sie machte neben mir im Matheunterricht die dummen Witze über den Lehrer, die sie immer machte, und ich konnte die ganze Zeit nur an den Abend davor denken. Später begleitete ich Zeynab auf dem Heimweg, sie wohnte ganz woanders, weit weg von unserem Haus. Ich musste warten, bis wir die anderen lästigen Schüler*innen in der Abenddämmerung abgewimmelt hatten, damit ich sie auf unseren SMS-Sex ansprechen konnte. Sie lächelte, stellte damit ihre Madonna-Zahnlücke zur Schau und sagte, dass sie das mit dem Anfassen nicht nur geschrieben hätte. Dann schaute sie nach links und rechts, zog mich in eine verlassene Gasse, in der das schwache Licht einer

Laterne im Grunde nichts ausleuchtete und dennoch die blauen Ohrringe meiner Schwester funkeln ließ. Sie nahm meine linke Hand und steckte sie an ihrem Hosenbund vorbei unter ihre Unterhose bis hin zu ihrer Klitoris. Sie war warm und feucht. Mein Herz klopfte wie wild. Wir hatten uns noch nicht mal geküsst, und jetzt war meine linke Hand an ihrem *Taboun!*

Zeynab zog nach wenigen Sekunden, die sich leider auch nur wie Sekunden anfühlten, meine wie gelähmte Hand wieder aus ihrer Unterhose. Sie lächelte. »Ein Geschenk für dich«, sagte sie. Dann bat sie mich um einen Gefallen: Bei den anstehenden großen Prüfungen am Schuljahresende müsse ich sie bei meiner Matheklausur spicken lassen. Mathe sei das Fach, das ihr den Nacken brechen würde. Sie brauche unbedingt meine Hilfe, um nicht mit null Punkten dazustehen und damit automatisch durchzufallen. Es war eine große Bitte, das wusste sie, das wusste ich auch. Wer beim Schummeln erwischt wird, muss die Klasse wiederholen. Ein ganzes Jahr wäre futsch. Für sie gab es aber eigentlich kein Risiko, die Chance, dass sie es nicht beim ersten Anlauf aufs Gymnasium schaffen würde, war rein mathematisch betrachtet groß. Ich würde allerdings hart fallen, als Klassenbester.

Am Tag der Klausur pochte mein Herz, so wie es gepocht hatte, als meine linke Hand an Zeynabs Klitoris war. Ich löste eine Matheaufgabe nach der anderen und spürte, wie mich Zeynab ein paar Tische weiter weg mit ihren Augen fixierte. Ich spürte, wie sie sich schwor, mich zu verlassen, wenn ich ihr nicht wenigstens die Lösung für eine Aufgabe rüberreichen würde. Ich war deutlich früher fertig, gab den Zettel ab, und während ich meine Sachen aufräumte, flog eins meiner Schmierpapiere wie von Geisterhand auf den Boden. Jemand nahm es blitzschnell an sich. Das Blatt ging durch die Hände der halben Klasse, alle, die es kurz festhielten, bekamen die volle Punktzahl auf diese eine Aufgabe. Der Mathelehrer war wirklich doof, er bekam nichts mit. Am Ende kam das Blatt an seinem Ziel an, das ich oben mit dem Bleistift notiert hatte: *Für Zeynab* <3

Einige Tage später bekam ich eine SMS. Zeynab bat um ein Treffen. Es waren schon Ferien, die Schüler*innen warteten gespannt auf die Klausurergebnisse, und wir trafen uns auf halbem Weg zwischen unseren Elternhäusern. Sie erschien im Kopftuch, in einer langen Dschellaba, die ihren Körper bedeckte. Sie sagte mir, dass ihr Bruder ihr Handy gefunden und die Nachrichten gelesen habe. Sie dürfe mich, sie dürfe keinen Jungen mehr sehen. Er habe ihr das Handy abgenommen. Ich verstand nicht, warum sie die SMS-Nachrichten nicht gelöscht hatte, so wie es sich gehört. Wie fahrlässig! Dann war ich nur noch wütend auf ihren Bruder, auf diese Gesellschaft, auf das Patriarchat.

Es waren keine schönen, keine entspannten, keine leichten Sommerferien. Und das, obwohl ich mich auf das Gymnasium freute: Noch drei Jahre, dann war es mit dem Frontalunterricht und diesem Schulgefängnissystem endlich vorbei. Aber würde ich Zeynab jemals wiedersehen? Am ersten Schultag sagte mir ein Mitschüler, dass sie aufs selbe Gymnasium gekommen sei wie ich. Sie hatte es also geschafft. Zwar reichte ihre Note nur für den Abi-Schwerpunkt »Literatur« (ja, Literatur wird in Marokko nicht so besonders geschätzt, weil man dieses Fach nicht gut in Geld umwandeln kann), und ich ging mit einem naturwissenschaftlichen Schwerpunkt aufs Gymnasium, aber wir waren wieder irgendwie vereint. Hoffnung keimte in mir auf. Vielleicht könnten wir in den Pausen gemeinsam abhängen? Ihr Bruder würde sie ja nicht bis in die Schule hinein verfolgen. Ich war wieder lebendig.

Ich suchte sie einige Tage hintereinander auf dem verwinkelten Schulgelände, auf dem Schulhof, in den vielen Treppenaufgängen und vor der Cafeteria. Dann fand ich sie endlich. Sie saß als Teil einer mir unbekannten Viererclique auf einer niedrigen Mauer am Basketballfeld. Sie lachte, und ihre Zahnlücke war wie immer deutlich zu sehen. Sie trug wieder eine Hose, kein Kopftuch. War alles beim Alten? Neben ihr saß ein muskulöser, verdammt gut aussehender junger Mann. Es war die Sorte Frauenheld, der in einer alten Lederjacke und mit zurückgekämmten Haaren in einem Musikvideo oder der Werbung für Zuckerwasser light den Lover spielen könnte, dem jede Frau und auch jeder Mann vermeintlich verfällt. Seine enge Jeanshose betonte seinen Schritt, und man fragte sich: Ist er wirklich so groß, oder hat er sich da noch zusätzlich etwas hineingestopft? Er umarmte Zeynab demonstrativ, fragte, ob ich dieser doofe Mohamed sei, von dem sie ihm erzählt habe. Ich verstand die Welt nicht mehr. Sie schaute mich an, sagte mir ins Gesicht, dass die Geschichte mit ihrem Bruder erfunden gewesen sei, sie mich nicht mehr brauche und andere nun für ihre Bedürfnisse sorgen würden. Die Gang lachte mich aus, zeigte dabei sogar mit ihren Fingern auf mich. Sie trug dabei die Ohrringe meiner Schwester, so dreist war sie. Ich war einfach nur am Boden zerstört und hatte in meiner Trauer, meiner Verwirrung, meiner Wut einen ziemlich patriarchalen Gedanken, als ich die Treppen zum Schulgebäude hochging: Wenigstens habe ich ihren *Taboun* gefingert.

Der Schleier

Der Stoff auf dem Kopf einer Muslima sagt exakt nichts über diese Muslima aus. Meine jugendliche Ex führte mir mit dem Kopftuch ein kleines Theaterstück vor, sie blieb dabei aber die lustige, laute, extrovertierte junge Frau, die sich strategisch durch das Leben navigierte, sexuell befreit und in die ich einst wegen ihrer Emanzipation verknallt war. Das Tuch ist also ein mysteriöses Kleidungsstück, politisch markiert, umstritten, identitätsstiftend, instrumentalisiert, verehrt und gehasst, Ausdruck einer Überzeugung – durchaus auch sexuell aufgeladen.

Texte und Beiträge, die in deutschen und euro-amerikanischen Medien, in der Wissenschaft und in der Politik zum Thema Kopftuch erschienen sind, füllen ganze Archive. Hier soll die weiße Perspektive auf den Schleier keine definierende Rolle spielen, weil diese weiße Perspektive im Hier und Heute für die Menschen, vor allem die Frauen in Nordafrika und im Nahen Osten, keine Rolle spielt.

Meine Mutter pilgerte 1995 nach Mekka und kam als Kopftuch tragende Frau zurück. Als Kind habe ich das gar nicht hinterfragt, denn sie war dieselbe Mama wie vorher. Vor wenigen Jahren hat sie mich in Berlin besucht und durfte sich, weil sie längst in die Rolle des verwöhnten Kindes geschlüpft war, eine Freizeitaktivität aussuchen. Sie konnte sich nicht entscheiden, also sind wir in den Zoo und in den Bundestag gegangen. Sie wollte, so sagte sie, schon immer eine Eisbärin sehen und auf dem Stuhl von Angela Merkel Platz nehmen.

Vor unserem Besuch im Reichstagsgebäude ging sie zur Friseurin, was für kopftuchtragende Frauen gar keine so sonderbare Sache ist. Aufgefallen war mir aber schon, dass sie das Kopftuch nicht aufgesetzt hatte, als wir uns zum Bundestag aufmachten. Ich dachte mir nur: Soll sie machen, was sie will. Sie schaute mich an und sagte: »Ich kann nicht mit dem Kopftuch in den Bundestag, das mögen die Deutschen nicht.« Ich antwortete: »Mach, wie du denkst, es ist dein Körper.« Wir haben fades deutsches Essen in der Parlamentskantine zu uns genommen und es beim Rundgang nur zum Stuhl geschafft, auf dem mutmaßlich Claudia Roth damals regelmäßig Platz genommen hat. Mutter war glücklich. Am Ende des Tages sagte sie: »Die Europäer wollen uns vorschreiben, was wir zu tun und zu lassen haben. Es ist manchmal einfacher und sicherer mitzuspielen.«

Als die weißen Männer aus Europa kamen und ihre Gewaltexzesse in den Kolonien Afrikas, im Nahen und Fernen Osten auslebten, versuchten sie, die Frauen zwanghaft »zu modernisieren«, damit sie sie besser unterjochen konnten. Jedes Kind in Marokko, Algerien und Tunesien kennt dazu ein berühmtes Plakat von 1950. Das »Fünfte Büro für psychologische Kampfhandlungen« der französischen Armee hatte es überall in Algerien aufhängen lassen. Darauf sind links drei voll verschleierte Frauen zu sehen. Die Betrachter*in blickt ihnen direkt in die Augen, die durch einen Schlitz zwischen Kopftuch und Gesichtsbedeckung hervorblitzen. Die drei verschleierten Frauen sind nicht auseinanderzuhalten, austauschbar und damit auch unsichtbar. Rechts auf dem Plakat sieht man eine lächelnde Frau mit einem leger gebundenen Kopftuch. Ihr Pony ist stylisch frisiert, ihr Make-up, der Lippenstift, die Wimperntusche perfekt. Das Plakat ist schwarz-weiß. Die lächelnde Frau trägt dreieckige Ohrringe, die ihr hübsches ovales Gesicht kontrastieren. Unten ist folgender Spruch zu lesen: »N'êtes vous pas jolie? Dévoilez vous!« Übersetzt heißt das: Sind Sie etwa nicht schön? Legen Sie den Schleier ab!

Der französische Kolonialherr wollte unbedingt die nordafrikanische Frau »befreien«. Und das aus militärtaktischen Gründen. Unter den Ganzkörperschleiern erkannte die französische Besatzung nicht, wer sich durch die Städte und Dörfer bewegte. Unabhängigkeitskämpfer*innen, Frauen wie Männer, tarnten sich verschleiert vor den Kontrollen der französischen Armee und mischten sich unters Volk. Verschleierte Frauen schmuggelten unter den luftigen Gewändern Waffen, Dokumente, Proviant für die Kämpfer*innen an den Fronten. Viele verschleierte Frauen lehnten es schlicht ab, sich von weißen Männern betrachten, begrapschen, belästigen oder vergewaltigen zu lassen. Das schützte sie aber nicht vor den Augen, den Worten, den Händen und Genitalien, vor der Gewalt der Kolonialisten. Ein Kopftuch, ja sogar die Vollverschleierung des Körpers, galt damals als Emanzipation, als Widerstand gegen die Fremdbestimmung durch das europäische Patriarchat. In vielen ländlichen, vor allem in den amazighischen Gebieten an der Mittelmeerküste und im Atlasgebirge Nordafrikas wurde und wird die Verschleierung der Frau gar nicht so dogmatisch gesehen. Aus nordafrikanischer Sicht wurde das Kopftuch vielmehr im Zuge des Kolonialismus abermals vom alltäglichen Kleidungsstück zum politischen Symbol umdefiniert.

Als Mann über den Schleier zu schreiben, das ist schon heikel. Deswegen möchte ich hier vor allem die Perspektive einer Frau wiedergeben, die sich mit ihrer soziologischen Forschung verdient gemacht hat und die viele Frauen dazu inspiriert hat, das Kopftuch abzulegen: die marokkanische *badass* Feministin Fatima Mernissi. Sie ist mit Abstand eine der wichtigsten Soziolog*innen des zwanzigsten Jahrhunderts. Kern ihrer Arbeit war, religiöse Texte feministisch zu lesen und dabei grundsätzliche Fragen zu stellen: Darf eine Frau ein mehrheitlich muslimisches

Land regieren? Darf eine Muslima über ihren eigenen Körper und ihre Sexualität bestimmen? Warum tragen muslimische Frauen überhaupt ein Kopftuch?

Diese letzte Frage analysierte Mernissi mit wissenschaftlicher Präzision und einer kritischen Lektüre des Korans und der Hadithe, also den überlieferten Aussagen und Handlungen des Propheten Mohammed. Bei den Hadithen schaute sich Mernissi zunächst an, wer diese Texte überhaupt überliefert hatte. Sie fand durch die Erforschung der Biografien einiger Jünger des Propheten heraus, dass vor allem viele frauenfeindliche Texte in die theologisch anerkannte Kategorie »schwache Hadithe« gehören. Also jene *Hadithe,* die aufgrund der dubiosen, gar unislamischen Lebensweise ihrer Überlieferer und der nicht einwandfreien Lieferkette nicht so ernst genommen werden sollten. Beispiel: Einer der Jünger des Propheten behauptete, dass die Züchtigung von Frauen ein islamisches Gebot sei. Gleichzeitig wurde derselbe Jünger mehrfach wegen Gewalt und sogar Totschlag verurteilt. Ergebnis: Der entsprechende Hadith gehört theologisch betrachtet in den Papierkorb.

Mernissi nimmt natürlich auch Vers 59 in der Sure *al-Ahzab* (die Parteien) zur Kenntnis. Im Koran, so scheint es, wird dort ein Verschleierungsgebot für Frauen ausgesprochen: »O Prophet, sag deinen Gattinnen und deinen Töchtern und den Frauen der Gläubigen, sie sollen etwas von ihrem Überwurf über sich herunterziehen. Das ist eher geeignet, dass sie erkannt und so nicht belästigt werden. Und Allah ist allvergebend und barmherzig.«

Mernissi verweist hierbei auf den historischen Kontext, in dem der Islam entstanden ist. Also auf eine gewalttätige, vorislamische Gesellschaft, die vom Patriarchat dominiert wurde und in der es galt, Frauen zu schützen. Aber nicht alle Frauen, sondern wie im Vers erwähnt: »Deine Gattinnen und deine Töchter und die Frauen der Gläubigen.« Vor allem die aristokratischen Frauen schützten sich, indem sie sich mit Beginn der islamischen Zeitrechnung mit dem koranischen Schleier als aristokratisch markierten. Sexarbeiterinnen, versklavte oder arme Frauen, die in der damaligen Gesellschaft nicht als schützenswert galten, trugen zunächst kein Kopftuch. So findet man bis heute muslimische Frauen aus »gutem Hause«, die sich mit teurer Seide die Haare bedecken und einer diamantbestückten Brosche ihren sozialen Status zur Schau stellen. Das Tragen des Kopftuchs, anders als eine weitverbreitete Fehlinformation, ist heute keine Frage des niedrigen sozialen Status oder Wissens oder Selbstbewusstseins. Im Gegenteil.

Mit ihren Texten befreit Fatima Mernissi die Verschleierung des Frauenkörpers aus der dogmatischen Sackgasse des Glaubens und erhebt sie zu einer politisierten Frage der Identität. Der Schleier, egal wie viel er von einer Frau verhüllt, ist kein absolutes Gebot im Islam, es ist mehr Teil einer politischen und religiösen Praxis, die sich über Jahrhunderte gewandelt und weiter aufgeladen hat bis hin zum Kolonialismus und den rassistischen zeitgenössischen Diskursen der europäischen Zivilisation. Sowohl das vor- oder frühislamische als auch das koloniale Patriarchat und der weiße Feminismus haben versucht, seine Ideologien auf den Körper der Frau zu projizieren. Später kamen dann die Tele-Imame und radikalisierte Islamisten, die die Deutungshoheit über das Stück Stoff erlangen wollten.

Einige politische Kräfte nutzen die Verschleierung, um Frauen aktiv aus dem öffentlichen Leben herauszuhalten. Mernissi beschreibt, was das Kopftuch für das zeitgenössische erzkonservative Patriarchat in einigen Ländern der Region leistet. Eine verschleierte Frau akzeptiere die Tatsache, dass sie in politischen Räumen schnell und unbemerkt weitergehen soll, denn öffentliche Räume der Macht seien männliche Räume, analysiert die Soziologin. Der von mir so verhasste Tele-Imam Amr Khaled vom Fernsehsender *Iqra* heulte am lautesten *on air* beim Thema Kopftuch. Er übte emotionalen Druck auf seine Zuschauerinnen aus. Sie seien nur gute Gläubige, wenn sie Vers 59 der Sure *al-Ahzab* wortwörtlich umsetzen würden. In den 2000ern verschleierten sich also viele Frauen zwischen 18 und 49 Jahren in der ganzen Region, weil ein Mann ihnen ein schlechtes Gewissen eingeredet hatte. Viele von ihnen legten den Schleier später wieder ab. Performative Religiosität war eine Mode, sie verschwand erst mal wieder mit dem Untergang des Tele-Imams. Dies zeigt aber, wie mit der Verschleierung aktiv Politik betrieben wird, und dass es vielen Männern darum geht, Frauen auszuschließen. Ihre Körper zu dominieren.

Das bedeutet aber nicht, dass eine Frau nicht selbstbestimmt das Kopftuch anlegen kann. Ich kenne viele Frauen mit Kopftuch, die *badass* sind und sich nichts diktieren lassen. Ich kenne aber auch viele Frauen, die es schlicht nicht anders kennen. Meine Oma mütterlicherseits trug Anfang der 2000er noch einen Gesichtsschleier, weil ihre Mutter ihn getragen hat. Sie sah dann, dass es auch anders geht, und legte ihn ab. *Her body, her choice.* Und das ist, so lese ich das Werk von Fatima Mernissi zumindest, der Kern einer feministisch-islamischen Theologie. Der Glaube der Frau hängt nicht mit dem Kopftuch zusammen. Sie kann mit oder ohne Schleier eine gute Muslima sein, was immer das auch bedeuten mag.

Bei den anderen beiden Fragen, die Mernissi in ihren Texten diskutiert, mache ich es zum Schluss dieses Kapitels kurz und knapp:

Darf eine Frau ein mehrheitlich muslimisches Land regieren? Die Antwort lautet: Ja klar.

Darf eine Muslima über ihren eigenen Körper und ihre Sexualität bestimmen? Die Antwort lautet: Sie bestimmt jetzt schon selbst darüber, man kann sie schlecht davon abhalten. Wenn man es tut, wird sie sich dagegen wehren. Selbst wenn sie ein Kopftuch tragen sollte.

Liebeszauber

Viele Menschen in Nordafrika glauben an Magie, Dschinn, also gute und böse Dämonen, oder auch an paranormale Kräfte. Doch keine Gesellschaft ist so magisch besessen wie die marokkanische: Laut einer repräsentativen Umfrage aus dem Jahr 2012 glauben 86 Prozent der Marokkaner*innen an die Existenz von Dschinn, 78 Prozent glauben an die Kraft der Magie, 80 Prozent sind überzeugt, dass man allein mit einem hasserfüllten und eifersüchtigen Blick großen Schaden anrichten kann. Dieses »böse Auge« findet sich im ganzen Mittelmeerraum wieder, von Portugal über Italien und Ägypten bis in die Türkei, dem Libanon und Israel/Palästina. Marokko ist aber definitiv das Mekka der Magie und des Aberglaubens, wenn man es überhaupt so nennen möchte. Wenn ich in Nordafrika oder Südeuropa unterwegs bin, mich als Marokkaner vorstelle, prasseln nicht selten Fragen zur Zauberei auf mich ein. Oder direkt die Bitte, doch eine gute marokkanische Hexe zu empfehlen.

Die Einführung in die Welt der Magie bekam ich ausgerechnet von einem Deutschen. Meine Mutter versuchte uns Kinder fern von »diesem Götzendienst« zu halten, wie sie es nannte, obwohl sie natürlich auch daran glaubt. Als Schüler kam ich dann aber an einen Assistenzjob für einen deutschen Anthropologen, der in Marokko unter anderem zu Magie und Zauberei forschte. Er suchte in Meknès nach einer Person, die Deutsch und Arabisch sprechen konnte, und auf der Geburtsfeier einer meiner entfernten Cousinen saß er plötzlich neben mir im Wohnzimmer einer meiner entfernten Tanten. Außerdem war ich jung und brauchte das Taschengeld. Es war eine komplett neue Welt, die sich in meiner unmittelbaren Nachbarschaft für mich erschloss. Ich lernte: Oft hat Magie in Marokko etwas mit Partnerschaft, Liebe, Fruchtbarkeit und Sex zu tun. Ich würde sogar sagen: Immer hat es etwas mit Sex zu tun.

Als die Magie über den deutschen Anthropologen in unserem Elternhaus Einzug hielt, packte meine Mutter die alte Geschichte der Wahrsagerin mit dem Dschinn an der Decke aus. Dieselbe Frau, die einst nach Mekka pilgerte und den monotheistischgerechten Weg dort fand, ließ von jetzt auf gleich den pseudoorthodoxen Schleier fallen und sprach endlich Tacheles. Nach ihrer Pilgerfahrt wollte sie auf jeglichen Götzendienst, wie ultrakonservative Muslime die Magie bezeichnen, verzichten. Doch wie kann man auf etwas verzichten, an das man grundsätzlich glaubt? Als junge Frau sei sie zur stadtbekannten Magierin gegangen, um etwas über ihr zukünftiges Liebesleben zu erfahren. Die alte Hexe habe sich ihre Wohnung mit einem Geist geteilt, mit dem sie kommunizierte, den sie anschrie, den sie darum bat, ihr zu verraten, was auf die Zeynabs, die Afafs, die Fatimas und die anderen wartenden Frauen im Leben zukommen würde. Denn das Wartezimmer sei voll mit Kundinnen gewesen, die wissen wollten, wann sie endlich die Liebe ihres Lebens kennenlernen würden, wann sie wen heiraten würden, wann sie wie viele Kinder bekommen würden. Der Dschinn habe dann von der Decke herabgeblickt und die Geheimnisse der Zukunft gelüftet. Und im Fall meiner Mutter lag er richtig. Wenige Zeit später heiratete sie – wie vorausgesehen – einen Mann »drüben«, also in Europa, und wurde mit ihm glücklich.

Ich besuchte zunächst als Forschungsassistent und später einfach aus Neugierde unzählige Heiligenschreine. Das sind Orte in ganz Marokko, an denen mystische Persönlichkeiten begraben liegen und damit besondere Segenskraft ausstrahlen. Bei diesen Persönlichkeiten handelt es sich sowohl um Männer als auch um Frauen muslimischen und jüdischen Glaubens. Jedes Jahr pilgern zum Beispiel Tausende Israelis, die meisten von ihnen mit nordafrikanisch-jüdischen Vorfahren, zu einem Heiligenfest im nordmarokkanischen Wazzan zu Ehren des jüdischen Gelehrten Omran Ben Ouidan. Im Vergleich zu den jüdischen und muslimischen Gläubigen, ihrer Hingebung, ihrer Ehrfurcht, ihrer Inbrunst sieht das sogenannte christlich-jüdische Abendland etwas blass aus. Die Dschinn, die die Gläubigen an den Heiligenschreinen antreffen, sind im nordafrikanischen Glauben allgemein in Religionsgemeinschaften aufgeteilt. Die jüdischen und muslimischen Dschinn sind gut. Die christlichen und ungläubigen Dschinn bringen Unheil. Diese eindeutige Aufteilung ist ein junges Relikt aus der Kolonialzeit.

In den unzähligen Schreinen des Landes erklingt die sakrale Musik der Hamadscha-, Issawa- oder Gnawa-Bruderschaften mit ihren schrillen Tönen und tiefen Bässen, die einen mitreißen und in der Brust treffen. Männer und Frauen singen gemeinsam und beschwören die guten Geister, die sie vor allem Bösen schützen sollen. Es riecht nach in kleinen Kohlebecken verbrannten Essenzen: Adlerholz, Amber, Asant, Alraunen (die im Volksmund Dschinn-Äpfel genannt werden) oder dem Alaun-Salz, das zwischen der heißen Kohle Blasen wirft. Je größer die Blasen, desto stärker die Belastung durch das böse Auge bei einer Person – so der Glaube. Man sollte also gut aufpassen, wem man die Nachricht von der eigenen Verlobung oder dem neuen Nachwuchs mitteilt.

Am Heiligenschrein *Scheikh el-Kamel* am Rande der Altstadt von Meknès steht ein Baum. Zwischen einigen Gräbern und einer niedrigen Mauer tanzen seine Äste im Wind, an ihnen flattern kleine Stofffetzen. Wenn man näher rangeht, erkennt man, dass die Fetzen oft aus Spitzenstoffen bestehen: weiß, beige, schwarz, rot. Sie waren mal Bestandteil von Frauenunterwäsche, Büstenhaltern und Slips. Die ehemaligen Trägerinnen sind Frauen, die einen unerfüllten Kinderwunsch mit sich trugen und darunter so sehr litten, dass sie zum Heiligenschrein kamen, eine Opfergabe entrichteten, zur Magier*in gingen, die einen Fruchtbarkeitszauber ausübte, und dann, als Abschluss der Zeremonie, befestigten sie ein Stück ihrer Unterwäsche am Baum. Viele Frauen, die ich getroffen habe und die dieses Ritual hinter sich hatten, wurden danach wirklich schwanger. Am Heiligenschrein traf ich einst eine Pilgerin mit einem breiten Dankbarkeitslächeln auf dem Gesicht. Sie erzählte mir, dass sie und ihr Mann jahrelang versucht hätten, Kinder zu bekommen. Vergebens. Irgendwann war sie dann zum magischen Baum gekommen, sie und ihr Mann hätten danach den besten Sex ihres Lebens gehabt, und dann: Sie zeigte auf ihren runden Bauch, bevor sie den Wächter*innen des Schreins eine Dankesgabe hinterließ. Frauen, die am verehrten Grab Tag und Nacht Wache schieben, den heiligen Ort sauber halten und für Ordnung sorgen. Manchmal wohnen die Wächter*innen mit ihren Familien im Schrein oder in der unmittelbaren Nähe. Sie sind Hausmeister*innen mit Heil- und Zauberkraft.

Wahrsagen und Opfergaben an Heiligenschreinen zu erbringen ist das eine, direkt ins Leben einzugreifen, das andere. Denn man kann mit Magie natürlich auch weitreichende Effekte erzielen, Menschen schaden, sich rächen. Wenn Sie sich bei der Lektüre der folgenden Zeilen wundern, ein mulmiges Gefühl bekommen, etwas Angst oder großen Respekt verspüren sollten: Klopfen Sie auf Holz, das besänftigt die Geister um Sie herum.

Oft trifft diese Art der Magie Ehemänner, die zuvor fremdgegangen sind. Welche Frau würde das einfach so auf sich sitzen lassen? Viele Marokkanerinnen widmen sich in solchen Situationen dem Schloss-Zauber. Dafür braucht es folgende Zutaten: ein Vorhängeschloss samt Schlüssel, ein Passfoto des Mannes, sein

Sperma (zum Beispiel auf einem Tuch, das nach der Ejakulation benutzt wurde), die üblichen Essenzen, den absoluten Glauben an die Macht der Magie und 250 bis 350 Dirham (25 bis 35 Euro), so viel kostet der Dienst einer professionellen Magier*in für einen Schloss-Zauber. In das Bild wird ein Loch gestanzt, und durch das Loch wird zusammen mit einem Stück des Sperma-Tuches bei einer ausgedehnten Zeremonie das Schloss gefädelt und verschlossen. Das Vorhängeschloss wird dann im Schlafzimmer versteckt. Es soll den Mann impotent machen. Er bekommt schlicht keinen mehr hoch – außer mit der Besitzerin des Schlüssels zu seinem Schwanz. Sie hat ihn im Volksmund »eingesperrt«. Wie praktisch. Mit ihr kann er Sex, sogar guten Sex haben, Orgasmen, von denen er vorher nur zu träumen wagte. Die Frau kauft sich mithilfe der Dschinn quasi die exklusiven Rechte an den Erektionen ihres Mannes. Er kann sich mit seiner Konkubine zwar treffen, in ein Bett legen, da unten wird sich aber bei ihm rein gar nichts rühren. Viele marokkanische Männer haben riesige Angst vor diesem Zauber. Auch weil er gegen den Willen der Schlüssel-Besitzerin nur mit großem Aufwand gebrochen werden kann. Zumindest habe ich an den Schreinen und bei Zeremonien Männer getroffen, die absolut sicher waren, dass sie wegen des Zaubers keinen mehr hochbekommen, dass sie unruhig leben und verwirrt sind. Sie irren dann durch die Welt, von Schreinen über Imame zu Zauberinnen auf der Suche nach einer Möglichkeit, den Fluch zu brechen und sich selbst zu heilen.

Vom Schloss-Zauber können aber auch Frauen betroffen sein. Man nutzt anstelle von Sperma dann zum Beispiel ein Haarbüschel. Der Zauber wird so abgewandelt, dass eine Frau einfach keinen passenden Partner mehr findet. Kein Mann will sich dann mit ihr abgeben. Unter gleichgeschlechtlichen Partner*innen klappt das natürlich auch. Man muss dafür generell nicht verheiratet sein. Das Hauptmotiv dieser bösen Magie: Eifersucht und Missgunst. Manchmal aber auch: krankhafte Liebe. Dann wird der Zauber aufs nächste Level gehoben, wo es nicht mehr nur um

Sex, Erektionen oder die Frage geht, wie man das Sperma oder ein Haarbüschel des Partners zu einer Magier*in bringen kann. Beim nächsten Level geht es um Gefühle, Affekte, Liebe. Weil die anvisierte Person dabei giftige Substanzen und Essenzen zu sich nehmen soll (zum Beispiel untergerührt in einer kräftigen marokkanischen Harira-Suppe), spare ich hier die Details aus. Keine*r von meinen Leser*innen soll auf dumme Gedanken kommen. Klopfen Sie jetzt bitte auf Holz!

Das digitale Zeitalter hat die alte Kultur der Magie allerdings längst demokratisiert. Das Internet ist mittlerweile Informationsquelle Nummer eins, wenn man den eigenen Ehepartner gefügig machen oder sich vom Zauber befreien möchte. Dort kursieren unzählige Videos mit *Do-it-yourself*-Anleitungen zum Schloss- oder sogar zum Liebes-Zauber. Unterlegt sind die Clips zum Beispiel mit der Intromusik der Mystery-Serie *Akte X*. Ein Mann erklärt in einem Video Schritt für Schritt, wie der Zauber funktioniert, und behauptet, er habe Gänsehaut, während er die Anleitung aufsagt. In sozialen Medien kursieren seit Jahren Geschichten von Frauen und Männern, die ihre Ehepartner*innen aus Eifersucht vergiftet haben sollen. Ob sie sie gezielt vergiften und gar nicht erst ihre Liebe durch Magie erobern wollten, das wissen nur die Täter*innen selbst. Die marokkanische Unterhaltungsindustrie bedient sich jedenfalls fleißig der Geschichten von schiefgelaufenen Zeremonien. Unzählige Filme und Serien handeln davon. Der Algorithmus in der rechten Leiste auf meinem Bildschirm schlägt mir Videos vor, die erklären, wie man den Schloss-Zauber wieder lösen kann. Alte Männer oder Frauen mit dunkelroten, hennabemalten Händen sitzen vor einer Schüssel mit Wasser. Ihre Gesichter sind nicht zu sehen, zu gefährlich wäre es, sagen sie, wenn man sie als Magier*innen im Internet identifizieren würde. Unter den Videos kann man ihnen aber Kommentare hinterlassen oder direkt per WhatsApp-Nummer eine Anfrage schicken. Mittlerweile bieten sie ihre Dienste auch digital auf Distanz an, sodass im Ausland lebende

Marokkaner*innen auch leicht Hilfe finden können. Die Magier*innen sagen mittlerweile auch aus dem Homeoffice Zaubersprüche auf, lesen aus dem Koran, legen die Schlösser in die Schüsseln, das Wasser färbt sich plötzlich schwarz. Es blubbert. Sie versuchen allein mit der Kraft des Glaubens, der Dschinn, der übernatürlichen Kräfte das Schloss zu öffnen. In den Videos klappt es zumindest.

Zu Risiken und Nebenwirkungen fragen Sie Ihren Gewürzhändler

Schweißfüße? Graue Haare? Schwangerschaftsakne? Mundgeruch? Stoppeln in der Bikinizone? Brüchige Nägel? Der Gewürzhändler hat auf jeden Fall das passende Hausmittelchen gegen diese Probleme parat. Auf dem Land kommt er in das eine oder andere Dorf noch wie in alten Zeiten auf einem Esel vorbeigeritten. Vollbepackt mit kleinen Flakons und Tütchen. Nicht selten waren diese Händler in Nordafrika jüdischen Glaubens, aber auch Muslime haben das nötige Wissen zu Naturheilmitteln und zu Biokosmetik von Generation zu Generation weitergegeben. In den Städten findet man immer mindestens einen, manchmal sogar zehn Gewürzhändler im lokalen Basar. Einfach vorbeigehen, die Beschwerde beschreiben, und schon bekommt man eine Teemischung, ein Puder zum Auflösen und Trinken oder ein Öl oder eine frisch gemischte Paste zum Einreiben, um das Problemchen loszuwerden. Selbst die intimsten Angelegenheiten können mit dem Gewürzhändler besprochen werden – es gibt für alles eine Lösung.

Deshalb müssen Millionen von Männern überall in Nordafrika zum Beispiel jeden Morgen einen Löffel echten Schwarzkümmel mit Honig zu sich nehmen. Für Anfänger gemahlen, für Fortgeschrittene als ganze Körner. Ihre Frauen verabreichen ihnen das Gemisch auf nüchternen Magen, weil die Gewürzhändler-Lobby ihnen erfolgreich eingetrichtert hat, dass die Kombination aus den ätherischen Ölen des Schwarzkümmels mit der Süße des Honigs die Manneskraft weckt. Ein natürliches Viagra sozusagen, das nur wenig kostet. Längst wird der Schwarzkümmel nicht mehr abgewogen, sondern schon fertig verpackt angeboten. Auf den kleinen Packungen stehen dann Werbeversprechen, die sich richtig heiß lesen:

»Schwarzkümmel macht ihn härter als Stahl!«

»Für die männlichste Manneskraft«

Oder auch ganz schlicht und doch eindeutig: »unverzichtbar für die Gesundheit jedes Mannes«

Männer, die nicht rechtzeitig vorbeugen, leiden irgendwann an Impotenz, behauptet die Gewürz-Lobby. Aber es ist wie gesagt nie zu spät. Der Gewürzhändler stigmatisiert keine Kund*innen. *Remember:* Für jede Beschwerde gibt es ein passendes Mittel. Für alle, die nicht rechtzeitig vorgebeugt haben, zaubert der Gewürzhändler dann zum Beispiel eine Mischung aus Bockshornkleepulver, grünem Kardamom, Ginseng, echtem Safran und/oder Weizenkeimöl. Generell stehen Hunderte Zutaten zur Verfügung, und Gewürzhändler, die etwas von ihrem Beruf verstehen, mischen für jede*n Kund*in individuell die richtige Kombination an. Manchmal geht es ja einfach nur darum, dass man mit seinen Problemen ernst genommen wird, um im Bett an sich selbst zu glauben. Leidet der Mann unter vorzeitigem Samenerguss, kommen zum Beispiel Mandelöl, Karotin und/oder Knoblauchpulver zum Einsatz. Der Gewürzhändler reicht dem Patienten (oder seiner Frau) eine kleine Tüte rüber und klopft ihm*ihr ermutigend auf die Schulter. Viele berichten danach, dass es mit dem Mittelchen besser geklappt habe. Gewürzhändler haben also einen krisenfesten Job. Während der Coronapandemie gab es in den großen Städten selbstverständlich Lieferdienste der Gewürzhändler, per WhatsApp wurden einfach Beschwerde und Adresse eingeschickt, vielleicht ein paar Nachfragen beantwortet, und kurze Zeit später stand der Schwanz im Bett dank ein paar Kräutern wieder wie eine Eins, und der Lockdown wurde für einen Moment erträglicher.

Zu Risiken und Nebenwirkungen fragen Sie den Gewürzhändler Ihres Vertrauens. Zum Teil sind es »nur« ästhetische Fragen, mit denen sich diese alte Heilkunst beschäftigen muss. Ich habe mich manchmal in den Basar gestellt und einfach den offenherzigen Gesprächen der Kund*innen gelauscht. Zuletzt im Sommer 2021 bei einem Besuch in Marokko. Dabei habe ich wirklich schon jedes erdenkliche Kundengespräch aufgeschnappt:

»Mein Mann hat einen zu kleinen Penis.« *(Wenn ich ein wirksames Mittel herausfinden sollte, melde ich mich und werde Milliardär.)*

»Ich habe einen zu großen Penis. Meine Frau schafft das nicht, und ich will, dass er etwas softer wird.«

»Ich habe zu breite Hüften!«

»Ich habe gar keine Hüften!«

»Meine Brüste sind zu klein.«

»Ich will an der Oberweite etwas abnehmen.«

»Meine Nippel sind zu dunkel.« *(Dass die Haut an einer Stelle »zu hell« sei, habe ich bisher aber noch nicht gehört. Schließlich gilt Weißsein als kolonial vererbtes Schönheitsideal.)*

An sich ist die Kund*in König*in, und es gibt keinen Wunsch, der nicht mit ein paar Kräutern und einer ausführlichen Beratung erfüllt werden kann. Die Treue einer gewissen Stammkundschaft deutet darauf hin, dass der Gewürzhandel einen Mehrwert bringt. Abschließend beurteilen kann ich das selbst nicht: Vielleicht gibt es ein Naturmittel, das die Nippel heller macht, vielleicht ist es aber nur ein Placebo, der den zu großen und harten Penis etwas bändigt. Wer weiß?

Seit den 2000ern gibt es große Konkurrenz bei der wichtigsten Produktlinie der Gewürzhändler: synthetische Potenzmacher wie Viagra. Manchmal wird sogar auf großen Plakaten an der Autobahn für die blaue Pille, ihre Generika oder Alternativen geworben. Eine Marke wird unter dem Namen »Tiger-Pill« vermarktet. Auch in vielen Apotheken hängen Plakate für diese Wirkstoffe, die pharmazeutischen Muslimbrüder hinter dem Tresen habe ich darauf aber nie angesprochen. Auf dieses Gespräch bin ich einfach nicht vorbereitet.

Orgien am Fuße des Atlas

Was ist die größte und hemmungsloseste Party der Welt? Coachella? Der Kölner Karneval? Das Oktoberfest? Ich glaube, im Vergleich zum jährlichen *Moussem* in Meknès haben die erwähnten Veranstaltungen höchstens den Vibe eines CDU-Landesparteitags im Sauerland. Das arabische Wort *Moussem* bedeutet Jahreszeit oder auch Festival. In Meknès und Umgebung findet der *Moussem* jährlich in den Wochen rund um den Geburtstag des Propheten Mohammed statt. Die Party wandert also mit dem Mondkalender durch alle Jahreszeiten. Mehr als eine Million Besucher*innen kommen jedes Jahr zu dieser Veranstaltung, die größte ihrer Art in Nordafrika. Viele gehen nur zur angehängten Kirmes oder den Markt, auf dem Süßigkeiten und Handwerkskunst angeboten werden. Viele Besucher*innen wollen sich allerdings den Frust aus dem Leib tanzen, sich betrinken, Drogen nehmen und mit Fremden hemmungslos und ohne Tabus ficken, ihre Fetische ausleben, den vermeintlichen Normen der Gesellschaft mit einer gesellschaftlich anerkannten Ausrede entfliehen.

Mein erster *Moussem* war Anfang 2005. Ich war damals so *geflashed,* dass ich jetzt erst mal tief ein- und ausatmen muss, um weitererzählen zu können.

Neben dem Heiligenschrein von *Scheikh el-Kamel* am Rande der Altstadt hatten Gläubige aus Meknès und von außerhalb riesige Zelte aufgebaut. Das Festival fing damit an, dass sie einige Tage auf einer großen Brache kampierten. Es gab Prozessionen und Paraden, bei denen die Zuschauer*innen am Rand Fotos und Videos von den Trommelgruppen und Tänzer*innen machten. Dann erschienen zwei riesige Ochsen, sie spazierten gemütlich die Straßen entlang, schienen nicht mitzubekommen, dass sie besondere Tiere waren: Das Königshaus spendete wie jedes Jahr dem *Moussem* traditionell zwei Ochsen, es ist die größtmögliche Legitimation, die man in Marokko empfangen kann. Die schützende Hand des Königs bedeutet auch: Es ist okay, was ihr da macht.

Spontan fing eine Gnawa-Gruppe, die sakrale Rhythmen und Gesänge vorträgt, vor einem Zelt an zu musizieren, und Passant*innen fanden langsam ihren Weg zu ihnen, zogen sich bis aufs Unterhemd aus, entledigten sich ihrer Schuhe, befreiten ihre Haare von den Gummibändern und Kopftüchern, bewegten ihre Hälse zu den Rhythmen der Trommeln und Bässe, ließen ihren Tränen freien Lauf, stampften barfuß auf den Boden, streckten die Arme gen Himmel, tanzten und tanzten und tanzten – bis sie so dermaßen ausgepowert waren, dass sie in Ohnmacht fielen und von den Gläubigen in eins der Zelte geschleift wurden. Es gibt eine anthropologische Theorie, die besagt, dass die kreisenden Bewegungen des Kopfes auf dem Hals eine alte Technik seien , um den Körper in Trance verfallen zu lassen. Das machen die Besucher*innen im Berghain oder auf dem rockmusikalischen Wacken-Open-Air intuitiv auch so ähnlich.

Doch nicht alle Zelte waren dafür gedacht, dass sich jene, die sich in Trance getanzt hatten, ausruhen und wieder zu sich kommen konnten. Einige Zelte waren regelrechte Alkohollager. Es gab Bier, regionalen Wein, Whiskey, selbst gebrannten Hochprozentigen mit dem Namen »Lebenswasser«. In einem anderen Zelt konnte man pures Haschisch, vielleicht das stärkste der

Welt, rauchen. Die Besucher*innen tranken zuckersüßen Minztee mit ein paar Extrakräutern drin. Frauen umarmten sich auf ihrem gemeinsamen Trip, kämmten sich gegenseitig die Haare, küssten sich manchmal auf die Münder oder mit Zunge. Dann war da noch dieses andere Zelt, ich würde es als Darkroom bei Tageslicht beschreiben: Ein Mann hatte seinen relativ kurzen, aber extrem dicken Schwanz aus der Hose hängen. Ich staunte nicht schlecht, als ich diese Freizügigkeit sah, verstand bei diesem Anblick aber, warum uns meine Mutter so lange von einem Besuch des *Moussem* abhalten wollte. Eine Frau massierte genüsslich ihre Brüste. Hinter einem dünnen Vorhang drang lautes Stöhnen hervor, es waren mehrere Stimmen daran beteiligt, die sich zu einem Chor der Lust vereinten. So wie im Video von Britney Spears zum Song *I'am a Slave 4 U*. Nur dass die Orgie hier *real* war. Es roch nach Sperma, nach Genitalschweiß, nach frischer Minze.

Ein Mann sprach mich an. Er erkannte mich als Außenstehenden. Abgesehen davon, dass ich viel zu jung für dieses spezielle Zelt war. Der Mann zeigte auf den Exhibitionisten, den mit dem kurzen, dicken Schwanz, und behauptete, er sei von einem extrem freizügigen Dschinn besessen. Er könne nicht anders, als allen sein Gemächt zu zeigen. Im Zelt war das erlaubt. Hier durfte der Exhibitionist er selbst sein. Die Polizei, die draußen patrouillierte, wisse darüber Bescheid. Ich sei aber definitiv zu jugendlich für diesen Anblick und solle in ein anderes Zelt gehen. Der Mann schubste mich raus.

Wer denkt, das sei jetzt alles gewesen, ist mindestens so naiv wie mein jüngeres Ich aus dem Jahr 2005. Nachdem die Zelte am Heiligenschrein in der Stadt abgebaut worden waren, wanderte die Partygesellschaft weiter in die Bergdörfer. Am Heiligenschrein von *Sidi Ali Ben Hamdouch* kam nur der Kern der Gläubigen (ein neutrales Wort, das Menschen beschreibt, die an etwas Bestimmtes glauben) an, immerhin waren das noch ein paar Zehntausend Besucher*innen. Auch heute ist das noch jedes Jahr so. Sie können in den Bergen – frei von Folklore und Kirmes und Schaulustigen mit ihren Kameras – sie selbst sein. In einer mit Kerzen ausgeleuchteten Grotte werden die Dschinn beschworen, die besten Magier*innen der Nation bieten ihre Dienste an. Jeden Zauber, den man will, man bekommt ihn hier. Das kostet freilich etwas mehr als 350 Dirham. Die Gläubigen lassen sich komplett gehen und geben sich einzeln und im Kollektiv ihren Sehnsüchten hin, offiziell dem Willen der Geister. Alles ist möglich: Gruppensex in allen denkbaren Konstellationen, Sadomasochismus, Fetische mit Exkrementen, Leder und/oder besonderen Rollenspielen. So habe ich das diskutiert auf anthropologischen Konferenzen, nachgelesen in wissenschaftlichen Aufsätzen, aber vor allem erfahren, indem ich später als Reporter den Gläubigen auf Augenhöhe zugehört habe. Der Schrein von *Sidi Ali* ist zur Zeit des *Moussems* der befreiteste Ort der Erde. Hier gibt es keine Tabus. Das ist ein nachgewiesener Fakt.

Queere Magie, queerer Schmerz

Die erfolgreichsten Magier*innen, die beim *Moussem* die höchsten Preise von ihren Kund*innen verlangen können, sind schwul. Noch teurer sind nur die Dienste von trans Frauen, die sich der Magie verschrieben haben. Es heißt, dass einige von diesen trans Magier*innen nicht nur mit hundertprozentiger Sicherheit die Zukunft voraussehen können: Sie können angeblich nach Belieben die Zukunft beeinflussen. Wer kommt da nicht in die Versuchung, auf die Kraft nonbinärer und transidentischer Menschen oder der nonbinären und transidentischen Dschinn in ihren Seelen zurückzugreifen?

Bei meiner Entdeckungstour auf dem *Moussem* im Jahr 2005 saß in einem der Zelte eine hübsche Frau, sie hatte einen pechschwarzen Kajalstreifen unter ihre Augen gemalt. Vielleicht war sie 22, vielleicht 26 Jahre alt. Auf jeden Fall sehr jung, mit zarter Haut und geschmeidigen Haaren. Ihre filigranen Hände, ihre Arme, ihre Füße bis hin zu den Knöcheln waren aufwendig mit Hennakunst geschmückt: Punkte, geometrische Formen, florale Ornamente. Sie hatte sich locker ein seidenes Tuch um den Kopf gebunden, die Ohren waren frei. Daran baumelten lange silberne Ohrringe, die im Kerzenlicht schimmerten. Um sie herum saßen viele Gläubige und Besucher*innen des Festivals auf dem Boden.

Sie schauten zu ihr hinauf, sie saß erhöht auf einem runden Kissen. Die Menschen hingen an ihren Lippen, warteten sehnsüchtig auf ihre weisen Worte. Erst später erklärte mir einer meiner Schulfreunde, dass die Frau gar keine Frau war. Sie war auch kein Mann. Sie war einfach ein Mensch. Und die anderen Menschen scharten sich um die Aura, die von diesem Menschen ausging, um etwas über ihr eigenes Schicksal, die Zukunft ihrer Kinder und Liebsten herauszufinden und vielleicht einige Fehler der Vergangenheit wiedergutzumachen.

Fragt man in Marokko, Algerien, Tunesien oder Ägypten die Menschen, ob sie jemanden aus der LGBTQ-Community kennen, schütteln die meisten bestimmt mit dem Kopf, einige weisen diese Frage als unhöflich, ja unverschämt zurück. Manche begegnen einem spontan mit der Floskel: Ich suche Zuflucht bei Allah vor dem verfluchten Satan. Mit diesem Spruch verleihen sie ihrem Ekel und ihrer Ablehnung Nachdruck.

Fragt man erneut, vielleicht nachdem man sich ein bisschen Vertrauen erarbeitet hat, lautet die Antwort dagegen: Natürlich kenne ich eine schwule, eine lesbische oder eine trans Person in meinem Umfeld. Alle wissen, dass Tante sowieso, Onkel Der-und-der, die Nachbar*in aus dem Haus gegenüber oder sogar das eigene Kind in irgendeiner Couleur queer ist. Niemand redet offen darüber, aber viele sind sich einig: So wollte ihn*sie Allah schaffen, so wurde es von Gott festgeschrieben. Die Sache mit den Dschinn ist für einige Menschen, die sich volkstümlichen Glaubenspraxen zuwenden, eine Möglichkeit, Sinn aus ihrer eigenen oder der sexuellen Orientierung einer anderen Person zu schöpfen. Das Zuschreiben von magischen Kräften ist auch eine Art Andersmachung, aber sie kommt meist mit Ehrfurcht daher. Und wenn ein guter Geist einen schwul, lesbisch oder trans macht, kann mensch dagegen ja nichts unternehmen.

In einer Zeit, in der es in Paris, London und Berlin verpönt war, Orgasmen zu haben, geschweige denn darüber zu sprechen, strömten weiße Künstler wie Eugène Delacroix, Jean-Auguste-

Dominique Ingres oder William Holman Hunt in den Nahen Osten und nach Nordafrika. Im 19. Jahrhundert bildeten sie nackte Frauen, lustvolle Abendgesellschaften und idealisierte Männerkörper mit schimmernder brauner oder schwarzer Hautfarbe ab. Später, im 20. Jahrhundert, ließen sich Maler wie Henri Matisse, Paul Klee oder Wassily Kandinsky von diesen aufgeladenen Orientbildern zu ihren eigenen Arbeiten inspirieren. Die halbe europäische Kunstgeschichte ist ein einziger Orientporno, um es etwas weniger diplomatisch als der Literaturtheoretiker Edward Said auszudrücken, der den Orientalismus im europäischen Kanon einst entlarvte.

Noch expliziter wurde es in Europa nämlich in Textform: Der Autor Gustave Flaubert reiste Ende des 19. Jahrhunderts durch Nordafrika, führte Tagebuch und hielt darin sein Erstaunen über die weitverbreitete Verfügbarkeit von gutem, schwulem Sex fest. In Frankreich war Analsex unter Männern nicht nur verpönt, er war verboten, und der Kolonialherr achtete darauf, dass seine eigenen Männer nicht von der Wollust der Nordafrikaner*innen verführt wurden. Flaubert schrieb über seine »Forschungen« in schwulen Hamams in Ägypten: »Ich würde es immer wieder tun. Um dieses Erlebnis komplett zu durchdringen, muss es wiederholt werden.«

Die nordafrikanische Lockerheit faszinierte auch andere europäische Außenstehende. In den vergangenen Jahrhunderten migrierten viele queere Intellektuelle aus Europa und Nordamerika, um in Nordafrika ihre Identität frei auszuleben. In ihren Heimatländern wurden sie verstoßen, im nordafrikanischen Exil konnten sie so sein, wie sie halt waren. Vor allem schwule Männer ließen in Marokko, Algerien, Tunesien oder Ägypten die Prüderie und Homophobie ihrer industrialisierten und modernisierten Gesellschaften hinter sich. In Nordafrika fanden die US-amerikanischen Schriftsteller Truman Capote und Tennessee Williams, der britische Künstler Francis Bacon oder der Philosoph Michel Foucault ihre Freiheit und überhaupt Zugang zu ihren wertvollen Arbeiten, die bis heute den Kanon prägen. Ihnen folgten andere Intellektuelle, die wiederum später die Toleranz und *Laisser-faire*-Mentalität der Nafris in ihre Ursprungsländer mitnahmen. Die nordmarokkanische Stadt Tanger war jahrzehntelang der angesagteste Salon für queere Autor*innen, Künstler*innen und Denker*innen, die vom Westen verstoßen wurden und sich in Marokko unbehelligt entfalten konnten.

Spricht man mit Marokkaner*innen weiter über das Thema LGBTQ, erwähnen sie die bewegte Geschichte der Hafenstadt Tanger, irgendwann diese eine lesbische Tante des verstorbenen Königs Hassan II. Sie habe einen ganzen Flügel im königlichen Palast von Meknès bezogen und lebe dort in einem Frauenharem. Ein Bekannter von mir ist Gnawa-Musiker und lebt in der Altstadt unweit vom Palastgelände. Er behauptete immer, er würde Partys für die Tante des Königs organisieren. Mit langen Soirées, Musik, einem Festmahl und vielen, vielen schönen, jungen Frauen. Sie würden alle tanzen und das Leben genießen. Schließlich könne die königliche Tante machen, was sie wolle. Ich kann diese Darstellung nicht überprüfen. In jeder der Erzählungen über die lesbische Tante des Königs ist sie uralt, und es scheint so, dass sie in diesen Erzählungen ewig weiterlebt.

Weniger bekannt, aber auch ein Indiz der *Laisser-faire*-Mentalität der Marokkaner*innen, ist die Biografie des französischen Chirurgen und Gynäkologen George Burou. Weil er Abtreibungen bei schwangeren Patient*innen durchgeführt hatte, hatte er in den Fünfzigerjahren in Frankreich seine Lizenz verloren, als Arzt zu praktizieren. In Casablanca fand er kurz darauf die Freiheit, die er für seine wichtige Arbeit und Forschung brauchte. Bis Ende der Siebzigerjahre führte er in der »Clinique du Parc« in der marokkanischen Küstenstadt Geschlechtsumwandlungen bei trans Menschen durch. Eine seiner ersten Patient*innen war eine junge trans Frau aus Casablanca, es sollten in zwanzig Jahren mehr als 3000 folgen. Aus der ganzen Welt kamen Patient*innen an die marokkanische Atlantikküste, um in einen Körper zu wechseln, der ihrer Identität, ihrem Sein, ihrer Menschlichkeit entsprach. Mit seinem praktischen Wissen legte Burou in Casablanca bis heute eine wichtige Grundlage für die psychische und körperliche Gesundheit von trans Menschen weltweit.

Die Gesellschaften Nordafrikas als Eldorado für queere Menschen zu beschreiben, das wäre aber nur die halbe Wahrheit. Es herrscht auf *allen* ein enormer Druck, in einer heteronormativen Beziehung zu leben. Sogar ganz banal und beiläufig im Alltag: In den Supermärkten gibt es von vielen Produkten nur Maxipackungen im Familienformat. Du musst dich in der Konstellation Vater-Mutter-Kind befinden, sonst entsprichst du nicht der Norm. Kurz bevor ich diese Zeilen getippt habe, habe ich mir in einer Bäckerei im Zentrum von Casablanca ein Pain au chocolat zum Frühstück gekauft. Der Verkäufer vergewisserte sich doppelt und dreifach, ob ich wirklich nur *eins* haben wollte. Im Unterton schwang die Frage mit: Hast du keine Frau? Keine Kinder? Keine Familie? Geht's dir gut? Dabei bin ich in der Metropole Casablanca definitiv nicht der einzige Mensch, der sich ein einzelnes Schokocroissant holen will. Heteronormative Lebensweisen sind allgegenwärtig.

Aus diesem banalen Druck im Alltag kann in den Gesellschaften Nordafrikas aber schnell eine existenzielle Frage für Queers werden. Die kollektive Jagd auf schwule Männer in Marokko begann an einem Abend Mitte April 2020 mit einem Video auf Instagram. Der erste Corona-Lockdown hatte erst vor wenigen Tagen begonnen, die Menschen hatten Angst vor dem unbekannten Virus und gleichzeitig sehr viel Zeit, um sich mit einem Aufruf im Internet zu beschäftigen.

Die in Marokko berühmte Influencerin Sofia Taloni setzte sich in ihrer Wohnung wie üblich vor ihre Webcam und streamte live an ihre Fans. Ihre Botschaft war für etliche Menschen verheerend. Taloni bezeichnet sich selbst als nicht binär und ist für viele Marokkaner*innen eine Ikone. Sie dreht Videos mit arabischen Stars, postet Beautytipps, macht Werbung für Produkte. So trägt sie von vielen gefeiert und wie selbstverständlich zur Sichtbarkeit von LGBTQs in Marokko bei.

Taloni, die in der Türkei lebt, spricht von dort aus zu ihren mehr als 600 000 Follower*innen auf Instagram. An jenem Abend Mitte April 2020 ging es allerdings nicht wie üblich um den heißesten Promi-Gossip, um Modefettnäpfchen oder Schönheitsoperationen: Taloni setzte zu einem Aufruf an, Schwule in Marokko zwangszuouten. Sie sprach direkt in die Kamera: »Mädels! Ladet folgende Dating-Apps herunter: Grindr, Romeo oder Hornet. Eröffnet ein Profil mit einem Fake-Namen, irgendeinem Foto aus dem Internet, und ihr werdet alle Schwuchteln in eurer Umgebung sehen. Das wird lustig, versprochen! Manchmal sitzen sie fünf Meter von euch im Wohnzimmer entfernt. Es sind eure Brüder, eure Väter, oder es ist euer Verlobter!« Taloni rief ihre Follower*innen dazu auf, ihr die Namen und Bilder von den Nutzer*innen schwuler Dating-Apps zuzuschicken. Talonis Fans, das zeigte sich in den folgenden Tagen, hörten leider auf sie.

Marokkanische LGBTQ-Aktivist*innen haben gesammelt, was der Aufruf der Influencerin in den sozialen Medien im Land angerichtet hat. Allein auf Facebook wurden in mindestens zwei Dutzend Gruppen die Klarnamen und Bilder von queeren Marokkaner*innen geteilt. Eine Mehrheit der Täter*innen waren Frauen, die sich mit Klarnamen in sozialen Medien bewegen. Neben Bildern von ihren Kindern und Backrezepten erschienen Screenshots von Grindr auf ihren Profilen. Die Frauen posteten die privaten Daten ihrer Opfer, es waren die Nachbarsjungen, die eigenen Cousins und Brüder. Die Frauen beleidigten sie queerfeindlich, drohten mit einer Anzeige. Sie pochten auf die »Einhaltung der Familienwerte« und ihre Ablehnung von »abnormalen Beziehungen, die der Scharia nicht entsprechen«. Ein Pranger mit dramatischen Folgen für die Betroffenen.

Artikel 489 des marokkanischen Strafgesetzbuches stellt Homosexualität unter Strafe. Menschen, die »unnatürliche sexuelle Beziehungen eingehen«, drohen demnach bis zu drei Jahre Haft.

Der Gesetzestext ist ein Relikt aus der französischen Besatzungszeit, die homofeindliches Recht in viele Länder Afrikas und Asiens brachte. Auch in Algerien oder Tunesien findet sich in den Gesetzestexten diese kolonial-legalistische Queerfeindlichkeit, die in die kollektive Identität der jeweiligen Gesellschaften übergegangen ist und einer traditionellen Toleranz sexueller Vielfalt entgegensteht.

Im April und Mai 2020 berichteten marokkanische Medien von schwulen Männern, die verprügelt oder während der strikten Quarantäne von ihren Familien auf die Straße gesetzt und damit den Behörden ausgeliefert wurden. Einige von ihnen landeten in Polizeigewahrsam oder in Gefängnissen, wo sie physisch, psychisch und sexuell missbraucht wurden. So passierte es in fast allen großen Städten des Königreichs: Agadir, Marrakesch, Casablanca, Fès oder Tanger. Ein 22-jähriger schwuler Student hat sich, nachdem seine Daten öffentlich auftauchten, in Rabat das Leben genommen. Erzkonservative und Extremisten hatten das Thema für sich entdeckt und sprachen von einer »Reinigung der Gesellschaft«.

Warum startet ausgerechnet eine queere Person so eine Kampagne? In einem Video, das Taloni nach ihrem ersten Aufruf aufgenommen hat, erzählte sie die Geschichte, wie sie sich einst in Marokko vor der Kamera prostituiert habe. Es sei ihr dabei viel Gewalt von marokkanischen und ausländischen Männern angetan worden. Zwar hat sie sich für das Zwangsouting »unbeteiligter Menschen« entschuldigt, rief daraufhin aber ihren Follower*innen zu: »Als ich mir Brüste habe machen lassen, haben mich die Schwuchteln ausgelacht. Ich wollte es ihnen einfach zurückzahlen. Und wer nicht zu seiner Homosexualität steht, ist selbst schuld.«

Die Geschichte von Sofia Taloni erzählt einerseits von der Emanzipation und Sichtbarkeit von queeren Menschen und zugleich von ihrer Bedrohung. Es ist etwas absurd, aber LGBTQs in Marokko sind zugleich frei und in Lebensgefahr. Auf Instagram gibt es Profile mit dem Namen »arabandmiddleeasternmen«

oder »handsome.arabs.youth«, auf denen viele queere, ganzkörpergeölte, geschminkte Männer aus der ganzen Region auf gefilterten Bildern auftauchen, die sich so fotografieren lassen, dass man in ihren engen Badehosen möglichst viel von ihren Schwänzen erahnen kann, ohne dass sie vom prüden Instagram geblockt werden. Sofia Taloni selbst ist eine nicht binäre ehemalige Sexarbeiter*in, die im Netz vor einem riesigen Publikum offen über schwulen Sex spricht. Taloni trägt aber selbst auch die Queerfeindlichkeit in sich, die sich in Marokko seit der kolonialen Ära und dem Erstarken des politischen Islams in Nordafrika breitgemacht hat.

Ende 2007 sorgte eine Schwulenhochzeit im kleinen Ort Ksar-el-Kebir im Norden Marokkos für Schlagzeilen. Von der Hochzeit existiert ein Video, darin feiern Queers ausgiebig die Vermählung zweier Männer. Die beiden Männer sitzen auf großen Stühlen, die Gäste um sie herum singen, klatschen und setzen zu den typischen Ululationen an, mit denen überschwänglich Freude ausgedrückt wird. Kontrastiert werden diese Bilder von einer auf Video festgehaltenen Szene eines wütenden Mobs auf den Straßen der Kleinstadt, der kurze Zeit später das Haus mit der Hochzeitsgesellschaft umzingelt hatte. Einige bärtige Männer klettern die Fassade hoch, drohen die Menschen im Haus regelrecht zu lynchen. Der Fall löste eine große Debatte im Land aus, bei der einige spontan mit der Floskel »Ich suche Zuflucht bei Allah vor dem verfluchten Satan« reagierten und andere sagten, dass doch jede Person von Allah geschaffen und frei sei.

Das ist der Alltag von Queers in Nordafrika: Sie feiern Hochzeiten, werden auf dem *Moussem* angehimmelt, sind Influencer*innen. Manchmal werden sie mit dem Tod bedroht oder verlieren aus queerfeindlichen Motiven und einer homofeindlichen Gesetzgebung wirklich ihr Leben.

Gefährliches Dating

Doch was ist die größte Gefahr für LGBTQs in der Region? Ist es der religiöse Fundamentalismus? Sind es fanatische User*innen in sozialen Medien? Oder ist es doch der Staat?

In einigen Ländern hat sich der Staat zumindest darauf spezialisiert, politisches Kapital aus der Verfolgung von Queers zu schlagen. In Kairo habe ich mal einen Polizisten kennengelernt, der die Mission hatte, Männer in der Stadt als schwul zu identifizieren. Er war elegant gekleidet mit seinem maßgeschneiderten Anzug, seine kurzen Haare saßen so perfekt, als hätte er jedes Haar einzeln gekämmt und mit Gel präpariert. Auf seinem Handgelenkt trug er ein kleines Kreuz-Tattoo, darüber baumelte ein goldenes Armband.

Er schaute mich triumphierend an, so als wolle er mir imponieren, und sagte, dass er mit den damals neuesten Technologien aus den USA und Europa arbeite. Es war das Jahr 2014, und er zeigte mir einen schwarzen Laptop, der ihm dabei half, Bewegungen einzelner Handys in Funkzellen zu überwachen und die Daten zu archivieren. Technologie und Software Made in Germany seien besonders hilfreich, erklärte er mir. Die »Ermittlungen« selbst würde er aber ganz traditionell mit Razzien und Festnahmen durchführen. Er hatte alle bekannten schwulen Dating-

Apps auf sein Diensthandy geladen, verabredete sich darüber mit Kairoer Männern zum Sex, schrieb sie danach auf eine Liste oder ließ sie direkt festnehmen, wenn ihm danach war. Da er beim Sex den aktiven Part übernehme, sei er selbst aber natürlich nicht schwul. Schwul seien nur diejenige, die sich penetrieren lassen und einen »bestimmten Lebensstil« pflegen würden. Viele schwule Ägypter*innen berichten, dass sie oder Freunde von ihnen nach einem (Sex-)Date einfach von der Polizei abgeführt worden seien. Der Polizist, der mich unmissverständlich attraktiv und sympathisch fand, sagte mir: »Pass gut auf dich auf und sag deinen Freunden, sie sollen es auch tun.«

Wenige Monate nachdem ich diesen Schock verdaut hatte, ich war längst zurück in Deutschland, las ich folgende Meldung auf meinem Bildschirm: »Dutzende Männer in einem schwulen Hamam in Kairo festgenommen«. Der Hamam Bab El-Bahr (»Tor zum Meer«) unweit vom Hauptbahnhof der Megametropole ist in der Community bekannt. Viele Männer frequentierten diesen Ort, um sich auszutauschen, sich kennenzulernen, zu entspannen oder schlicht, um Sex zu haben. Der Staat hatte sich entschieden, den Hamam mit einem riesigen Polizeiaufgebot zu stürmen und die Männer nackt festzunehmen. Besonders perfide war dabei, dass die Sicherheitsbehörden einer bekannten Fernsehjournalistin Bescheid gegeben hatten, sie filmte währenddessen die Gesichter der schockierten Männer. Die Razzia wurde quasi live im Fernsehen übertragen.

Die nackten Körper wurden von den Polizisten mit Schlagstöcken zusammengetrieben, sie haben sie regelrecht zu einem menschlichen Knäuel geformt. Die verängstigten Männer versuchten noch, mit den Händen vorm Gesicht ihre Identität zu schützen. Was aussichtslos war. Im Video ist die Journalistin zu hören, wie sie ihre Kameramänner anfeuert, näher zu treten, alle Gesichter möglichst präzise abzufilmen. Einmal ist sie auch selbst zu sehen, wie sie mit ihrem Handy Fotos schießt. Das Material verbreitete sich innerhalb weniger Stunden in der Region und im ganzen Land. Wenige Tage danach tauchten die Männer in einem Gerichtssaal auf, eingepfercht in einen kleinen Käfig. Aus der Episode Bab El-Bahr machte die staatliche Propaganda eine ganze Staffel Schande. Mehrere Männer bekamen lange Haftstrafen, ihre Existenzen wurden durch die Propaganda nachhaltig zerstört.

Der ägyptische Staat ist ein Meister der Identitätspolitik. Immer wenn etwas schiefläuft, sich die Wirtschaftskrise im Land verschlimmert, ein Terroranschlag Menschen in den Tod reißt, wieder mal ein Zug aus Mangel an Investitionen und purer Gleichgültigkeit entgleist, ziehen die politisch Verantwortlichen die Identitätskarte. Eine Razzia in einem schwulen Hamam wird die Menschen schon einige Tage und Wochen beschäftigen. Und es funktioniert, für einen Augenblick dominieren wieder große Fragen rund um die Identität der Gesellschaft, die familiären Werte und wie man das alles schützen kann. Wenn alle Stricke reißen, greifen autoritär-militarisierte Regime eben nach der Würde von queeren Menschen.

Wichtig dabei ist immer zu bedenken: Die ägyptische Militärdiktatur versteht sich als absolut säkulares Regime und enger Partner europäischer Regierungen.

BAMF steht für Bundesamt für Fickerei

Ich habe in den vergangenen Jahren drei queere Geflüchtete mit zu ihren Anhörungen ins BAMF, das deutsche Bundesamt für Migration und Flüchtlinge, begleitet. Die Behörde entscheidet über die Asylanträge Schutz Suchender in Deutschland. Dass die Entscheidungen teilweise auf Basis einer queerfeindlichen Grundeinstellung getroffen werden, konnte ich drei Mal hautnah beobachten. Begleitet habe ich einen schwulen Ägypter, eine trans Frau aus Algerien und eine lesbische Frau aus Tunesien. Beispielhaft erzähle ich hier nur von der Anhörung der Geflüchteten aus Tunesien, dem vermeintlich ja weltoffensten aller nordafrikanischen Länder. *Spoiler Alert:* Hier wie dort stellt der Staat die größte Gefahr für LGBTQs dar.

In der kleinen Stadt an der tunesischen Küste durfte sie keine Lesbe sein, deshalb war Yosr im Jahr 2015 nach Deutschland geflohen. Ihre kurzen schwarzen Haare standen dank des Haarlacks wellenförmig ab. Sie trug mehrere Halsketten, an einer hing ein kleiner Fisch. Er sollte sie vor dem bösen Auge schützen. In einem türkischen Restaurant in Neukölln bestellte sie bei unserem Gespräch eine »Coca«. So wird Cola in Tunesien genannt. Als erfolgreiche Kauffrau eines großen Unternehmens hatte die 30-Jährige kein Problem, ein Touristenvisum für den Schengenraum zu bekommen. Sie kratzte all ihren Mut zusammen und stellte zwei Tage nach ihrer Ankunft spontan in Deutschland beim BAMF einen Asylantrag. »Ich kannte hier niemanden, geschweige denn die Regeln des Asylsystems«, sagte sie. Von der ersehnten Freiheit, ihrer persönlichen sexuellen Befreiung in Berlin, musste sie schnell wieder Abschied nehmen: Über den bundesweiten Verteilungsschlüssel landete sie für die Zeit des laufenden Asylverfahrens in einer kleinen Stadt in der Sächsischen Schweiz.

Monatelang hatte sich in ihrem Fall nichts getan. In der sächsischen Pampa war sie in dieser Zeit meist alleine. Nachts verbarrikadierte sie die Tür ihrer kleinen Wohnung mit Stühlen und Tischen. »Ich habe Angst«, sagte sie mir. Es waren vor allem die skeptischen Blicke der Männer in Kombination mit ihrer Einsamkeit, die ihre Angst speisten. Sie grüßte zwar die Nachbarn nett und spielte im Ortsverein Handball, aber irgendwie sei es schon etwas komisch dort gewesen. Deshalb kam sie, so oft es ihr Budget erlaubte, nach Berlin zu ihren neuen Freund*innen trotz der Residenzpflicht in Sachsen. »So wie ich mich in schöne Frauen verliebe, habe ich mich in diese Stadt verliebt.«

In Tunesien konnte sie sich in niemanden und nichts mehr verlieben. Es seien die kleinen Szenen der Diskriminierung, die ihr Leben dort schon immer beherrscht hätten. Wie zum Beispiel an dem Abend, als sie »zu männlich« in einer Disco tanzte und rausflog. Oder als ihr bester Freund nach ihrem Outing sein Versprechen, immer zu ihr zu halten, brach und zu ihr sagte: »Homosexualität ist eine Krankheit.« Immer mehr Leuten sei aufgefallen, dass sie »anders« sei. In Tunesien werden Homosexuelle mit Hormonen behandelt, manchmal sorgt die eigene Familie dafür, dass Schwule oder Lesben »geheilt« werden, das machte Yosr so dermaßen Angst, dass ihre Angst vor dem spontanen Asylantrag in Deutschland relativ erschien. Paragraf 230 des tunesischen Strafrechts definiert klar: »Schwule und Lesben werden mit drei Jahren Haft bestraft.«

»Die Krankheit Homosexualität«, so behaupten es einige Ärzt*innen und Imame in Tunesien, könne »medizinisch geheilt werden«. Schon ein falscher Flirt oder ein »abnormales Aussehen« reicht für die Behörden aus, queere Menschen einzusperren. Und sie tun es nach eigenem Gusto. Yosr erzählte, wie sie einst von Polizisten auf der Straße festgenommen wurde. Sie laufe komisch, habe ihr ein Beamter gesagt, sei nicht feminin genug. Sie drohten ihr, sie mit auf die Wache zu nehmen, wenn sie sich nicht wie eine »echte Frau« benehme. Yosr habe die Polizisten angefleht, sie kannte Horrorgeschichten von Vergewaltigungen lesbischer Frauen auf Polizeiwachen. Erst als sie um ihr Leben weinte und am ganzen Körper zitterte, sich vor den Beamten auf die Knie warf, war sie für die Polizei »Frau« genug.

Für viele queere Asylbewerber*innen ist die Situation, mit fremden Menschen – meist ungeschulten Beamt*innen – über die eigene Sexualität zu sprechen, extrem belastend. Nicht wenige Betroffene beklagen zudem, dass sie von Übersetzer*innen eingeschüchtert würden, nicht den wahren Grund ihrer Flucht zu erwähnen. Da spricht in diesem Fall auch einfach die Homophobie aus einigen am Asylverfahren Beteiligten. Nachdem ich sie im Restaurant getroffen hatte, begleitete ich Yosr einige Tage später zu ihrer Anhörung. Die Sachbearbeiterin wirkte professionell und emotionslos. Sie stellte Yosr unzählige Fragen, las sie von einem Katalog auf ihrem Bildschirm ab: Wo sind Sie geboren? Was haben Sie beruflich gemacht? Wie sind Sie nach Deutschland gekommen? Dann kam eine unscheinbare Frage, die Yosr den Angstschweiß auf die Stirn trieb: Wie können Sie beweisen, dass Sie lesbisch sind?

Yosr schaute mich verstört an. Wie sollte sie beweisen, dass sie auf Frauen stand? Sie wusste es nicht. Die Sachbearbeiterin tippte etwas in ihren Rechner. Sie fragte weiter: Welche Nachteile hatten Sie aufgrund Ihrer sexuellen Orientierung in Ihrem Heimatland? Yosr atmete tief durch, sie erzählte all die Geschichten, die sie mir im Restaurant erzählt hatte. Mitten im Redefluss unterbrach sie die Sachbearbeiterin: Haben Sie Dokumente, die Ihre Darstellungen stützen? Yosr schaute mich wieder ungläubig an. Sie fragte, welche Art von Dokumenten das sein soll. Die Sachbearbeiterin wünschte sich ein offizielles Schreiben der tunesischen Polizei, dass Yosr wegen ihrer sexuellen Orientierung polizeilich und juristisch verfolgt werde. Yosr brach in Tränen aus. Natürlich gab es so ein Dokument nicht.

Wenige Wochen später bekam Yosr einen Bescheid: Ihr Asylantrag wurde abgelehnt. Sie könne als lesbische Frau in Tunesien sicher leben. Sie müsse sich ja nicht outen oder ihre Sexualität öffentlich ausleben, ließ sie das BAMF wissen.

Übergriffige Touristen

Ich saß im Sommer 2013 an einem Gate des Flughafens Scharm el-Scheich am Roten Meer in Ägypten. Der Badeort ist dafür bekannt, dass sich deutsche, britische und russische Pauschaltourist*innen dort den Verstand mit billigem Bier wegkippen. Auf den unbequemen Sitzen aus Plastik und Lederimitat warteten neben mir zwei ältere deutsche Herren auf den Flug nach Kairo. Beide hatten schlimmen Sonnenbrand im Gesicht und auf dem Rücken, deswegen zogen sie ihre T-Shirts aus und inspizierten gegenseitig ihre voluminösen, dampfenden Körper. Ein Vorteil daran, dass einige weiße Menschen nicht auf die Idee kommen, ich könne sie verstehen: Ich kann ungestört ihren authentischen Gesprächen lauschen. Den einen nenne ich hier mal Heinrich, den anderen Friedrich. Zur Orientierung: Heinrich ist derjenige mit der viel zu engen Badehose, die ihm in die Schenkel schnitt, als er auf dem Lederimitat saß.

Während sich Heinrich die Hautfetzen vom Rücken pulte, schaute er Friedrich an: »Weißt du, der Schwanz von Ali war der beste. Richtig groß, dick und gerade. Geduscht und sauber war der Ali auch.« Friedrich erwiderte: »Der war mir zu teuer, der wollte doppelt so viel wie der andere.« Heinrich zog seine Augenbrauen zusammen: »Ja, richtig unverschämt, was der verlangt hat. Man muss den Preis immer vorher vereinbaren. Aber man gönnt sich ja sonst nichts im Leben.« Heinrich und Friedrich lachten und spekulierten dann noch fröhlich über Alis Alter. 15 oder 16 oder 17 oder doch 18 Jahre alt? Sie wussten es nicht.

Sex-Tourismus ist in Nordafrika allgegenwärtig. Die meist männlichen Kunden kommen aus den Golf-Ländern, vor allem aus Saudi-Arabien oder den Vereinigten Arabischen Emiraten und aus Westeuropa, vor allem aus Großbritannien, Frankreich, Spanien, Italien oder Deutschland. Auch einige europäische Frauen fliegen gerne in den Süden, um sich dort Sex mit Nordafrikanern zu kaufen. Männliche Sex-Touristen sind aber deutlich in der Überzahl. Das hat Tradition, koloniale Tradition, um genau zu sein. Der französische Schriftsteller André Gide soll hier nur als Beispiel dienen: Im Jahr 1939 reiste der damals siebzigjährige Gide an den Nil. Arme Kinder würden ihm Angebote für Sex machen, damit er ihnen ein paar Münzen zustecken würde, schildert er in seinem Tagebuch. Irgendwann hielt er dann einen 15-Jährigen namens Ali in seinen Armen. Sie lagen auf einem Boot nebeneinander. Die Muskeln des Jugendlichen beschrieb Gide als »schon erwachsen«, während seine Haut kindlich »zart« gewesen sei. Europäer haben sich in der Kolonialzeit und bis heute an Kindern in der ganzen Region vergangen. In Marokko ist die Küstenstadt Agadir bekannt für den westlichen Sextourismus – auch für ein Angebot, das über das Ertragbare hinausgeht.

In den Hotels der Stadt hängen, so wie überall anderswo im Königreich, Plakate einer staatlichen Kampagne: Sie rufen zum Kampf gegen Kindesmissbrauch auf. Ich habe über die Jahre in mehreren, meist luxuriösen Hotels in Marokko beobachtet, wie alte weiße Männer ungehindert marokkanische Minderjährige mit aufs Zimmer nahmen. Denn der Kunde ist ja König. In einem Hotel einer bekannten US-amerikanischen Kette in Tanger habe ich Bezug nehmend auf die Plakate an der Rezeption Bescheid gegeben. Eine Mitarbeiterin ließ mich wissen, dass sie nicht viel ausrichten könne. Sie würde sich aber »kümmern«, was ich als Floskel interpretiert habe, dass sie nichts unternehmen würde. Ich konnte ja selbst nicht gegen den Hotelgast als Möchtegerndetektiv Columbo ermitteln, an die Zimmertür klopfen und Erklärungen verlangen. Ich habe weder das Hausrecht noch bin ich der Staat, und mit Ausländern in Marokko sollte man keinen Stress beginnen, die sind im Zweifelsfall immer im Recht, und am Ende sitze ich im Gefängnis. Und dennoch sage ich mir oft: Du hättest dranbleiben sollen, Mohamed. Ich weiß leider nicht, wie der Fall ausgegangen ist.

Rund um den Badeort Agadir prostituieren sich viele Frauen und queere Männer, das weiß und toleriert der marokkanische Staat. Schließlich sind die Einnahmen aus dem Tourismus wichtig für die Region. Gesellschaftlich wird die Prostitution weitestgehend akzeptiert, obwohl konservative Kräfte immer wieder gegen Sexarbeiter*innen hetzen. Die vielen Kinder, die ihre Körper ebenfalls den Ausländern verkaufen, sind auf sich allein gestellt. Die Minderjährigen werden von der bitteren Armut und manchmal auch von ihren Familien gezwungen, sich zu prostituieren. Doch erst seit wenigen Jahren regt sich organisierter Widerstand gegen diesen Missbrauch.

Im Jahr 2013 wurde zum Beispiel ein verurteilter Spanier, der mehrere Kinder in der marokkanischen Küstenstadt Kenitra sexuell missbraucht und seine Straftaten dabei gefilmt hatte, vom marokkanischen König Mohammed VI. auf das persönliche Bitten des damaligen spanischen Königs Juan Carlos begnadigt. Der in Marokko zu dreißig Jahren Gefängnis verurteilte spanische Staatsangehörige durfte daraufhin nach Spanien ausreisen. Dank einer breiten Social-Media-Kampagne fanden kurz darauf in ganz Marokko Proteste gegen die königliche Begnadigung statt. Und der König Marokkos, ein absoluter und unfehlbarer Monarch, beteuerte wenige Stunden nach den Massenprotesten, dass er angeblich nichts von den Straftaten des Spaniers gewusst habe. Mohammed VI. entschuldigte sich bei den Familien der Angehörigen und revidierte seine Begnadigung. Der spanische Sexualstraftäter wurde daraufhin in der spanischen Stadt Murcia aufgrund eines internationalen Haftbefehls der marokkanischen Behörden erneut festgenommen.

Seitdem merken immer mehr Marokkaner*innen: Wenn niemand lautstark gegen den verbreiteten und systematischen Kindesmissbrauch im Land protestiert, wird sich an diesem Problem nie etwas ändern. Auch in anderen Kontexten sind in Marokko Kinder in Gefahr. Neben dem Sex-Tourismus sind auch das private Umfeld oder öffentliche Räume wie Moscheen Gefahrenorte. So wurden in den vergangenen Jahren zum Beispiel mehrere Imame festgenommen, denen Kindesmissbrauch vorgeworfen wurde.

Eine Geschichte habe ich bisher noch niemandem erzählt. Ich weiß nicht, ob ich mich einfach dafür schäme oder ob ich sie mit meiner Verdrängungstaktik am liebsten ungeschehen machen möchte. Ich habe deshalb auch lange überlegt, ob ich dieses Erlebnis hier wirklich zu Papier bringen möchte. Dabei gibt es objektiv betrachtet keinen Grund, es nicht zu tun.

Nachdem ich die neunte Klasse mit Bestnote beendet hatte, nahm mich mein Vater als Belohnung mit auf einen kleinen Trip zum großen Sehnsuchtsort Marrakesch. Meine Schwester schäumte vor Wut und Neid, sie hatte immerhin auch bestanden, so ein Urlaub sprang für sie aber nicht raus. Doch mein Vater wollte unbedingt mal mit seinem Sohn etwas unternehmen, und ich freute mich einfach, die langweilige Provinz für einige Tage verlassen zu können.

Dabei war mir und auch meiner beleidigten Schwester klar: Urlaub mit Baba kann auch sehr langweilig werden. Mein Vater war nie wirklich bereit, Geld auszugeben für Museen oder Schwimmbäder. Er sparte auch an den Unterkunftskosten. Ich musste heftig auf ihn einreden, damit er uns nicht in einer Bruchbude eincheckte. Nur bei einer Sache war er spendabel: Essen. Da sagte er nie »Allahu Akbar! Das ist zu teuer!«

Ab 11 Uhr wurde es in Marrakesch immer unerträglich heiß. Die Sonne knallte erbarmungslos auf die Stadt, und so blieben die meisten Einheimischen und Besucher*innen drinnen, in den kühlen Innenhöfen der traditionellen Riads oder den klimatisierten Zimmern der unzähligen Hotels. Mein Vater liebte die ausgedehnte Mittagsruhe, sein größtes Hobby war sowieso Siestamachen. Immerhin war sie kostenlos. Mir war es als Teenager natürlich zu langweilig, vier bis fünf Stunden auf dem Zimmer auszuharren, und so ließ ich meinen Vater einschlafen und drehte trotz der Hitze jeden Tag ein paar Runden in der fast leeren und verwinkelten Altstadt.

In einer Gasse sprach mich ein alter Mann auf Französisch an. Vom Akzent her müsste er Italiener gewesen sein, ganz genau weiß ich das aber nicht. Unter der dicken Schicht Sonnencreme schimmerte seine rosafarbene Haut hervor. Auf seinem Kopf thronte ein Kranz von strohblond-weißen Haaren. Er hatte ein Tanktop mit schmalen Trägern und eine spiegelnde Sonnenbrille an. Der Herr, der etwa zehn bis zwanzig Jahre älter als mein Vater gewesen sein muss, fragte mich nach der Uhrzeit. Ich zückte mein Handy und informierte ihn. Es müsste irgendwas mit 12 oder 13 Uhr gewesen sein.

Seine zweite Frage wunderte mich dann aber ein bisschen: »Hast du eine Freundin?« Ich sagte, in meiner absoluten jugendlichen Naivität, die Wahrheit: Es sei kompliziert. Er lächelte und versuchte mich weiter in ein Gespräch zu verwickeln, doch mein Bauchgefühl warnte mich nun, dass irgendetwas nicht stimmte. Ich sagte, ich müsse weiter, und wünschte dem Mann einen schönen Tag. Doch er lief neben mir her und redete auf mich ein. Ich bekam Panik und lief schneller, er ließ aber nicht locker und hatte dabei sichtlich Spaß. Je schneller ich lief, desto motivierter war er, mich zu einem Minztee einzuladen oder direkt in seinen *privaten* Riad, wie er mehrfach wiederholte. Ich hatte in meiner Verunsicherung komplett den Orientierungssinn verloren und irrte ziellos durch die Altstadt. In einer engen Gasse holte er mich rechts ein und warf seinen linken Arm um meinen Hals, seine Armbanduhr klapperte dabei und tickte penetrant in meinem linken Ohr. Ich verstand nichts mehr. Er versuchte mir zu erklären, dass er »nichts Böses« wolle. Er suche lediglich neue, süße Jungs wie mich. »Des garçons délicieux comme toi!« Dann streifte er mit seiner anderen Hand im Schritt über meine Hose.

Ich suchte derweil vergebens in den menschenleeren kleinen Straßen der Medina nach Augenkontakt zu einer dritten Person, jemandem, der mir aus dieser misslichen und traumatisierenden Situation raushelfen würde. Ich nahm all meinen Mut zusammen und schrie: »Laissez-moi tranquille!« Lassen Sie mich in Ruhe! Da hatte er längst seine spröden Lippen gespitzt und versuchte, mir einen Kuss auf die Wange zu geben. Ich schaffte es, ihn von mir zu schubsen, und rannte um mein Leben. Ich hatte so Angst und heulte wie ein kleines Kind. Weil ich irgendwie noch eins war. Ich weiß noch, wie ich mich in Grund und Boden schämte, als mich ein alter Marokkaner aus einem Fenster heraus fragte, ob alles okay sei. Ich fragte ihn nach dem Weg zum Hotel. Er sagte, es sei gleich hier um die Ecke, und deutete nach rechts. Ich lief an der Rezeption vorbei in den ersten Stock aufs Zimmer, mein Vater schlief tief und fest. Ich legte mich auf mein Bett und schloss die Augen. Die restlichen Tage in Marrakesch machte ich trotz Langeweile ebenfalls brav Siesta. Denn ich wusste jetzt, dass solche Männer in Marokko Narrenfreiheit genossen.

Die ewige Silvesternacht

Ich habe schon an mehreren Stellen, zum Beispiel in meinem ersten Buch *Unter Weißen. Was es heißt, privilegiert zu sein* über meine Recherchen nach der sogenannten Kölner Silvesternacht geschrieben. Da ich mich nicht lang wiederholen möchte, hier die drei wichtigsten Erkenntnisse:

- Wenige Männer, die meisten von ihnen aus Marokko und Algerien, haben in der Silvesternacht im Jahr 2015 Frauen in der Kölner Innenstadt sexuell belästigt und teilweise vergewaltigt. Schon als ich kurz nach der Silvesternacht hörte, dass Männer mit der Handfläche nach oben und dem gespreizten Mittelfinger unter Röcke gefasst haben sollen, wusste ich: Die Chance ist groß, dass es sich um Marokkaner handelt. Denn diese Handbewegung ist das Äquivalent zum deutschen Stinkefinger in Nordafrika. Diese Art von sexueller Belästigung war – so bitter es klingt – allerdings nichts Ungewöhnliches für Köln. Denn laut meinen Recherchen war in den Jahren zuvor sexualisierte Gewalt gegen Frauen an Silvester, aber zum Beispiel auch während des Karnevals, Standard – diese Gewalt ging und geht von allerlei Männern aus. Sie wurde in der besagten Silvesternacht von Fehlern der Polizei begünstigt. Die Beamten auf der Kölner Domplatte, das belegen Videoaufnahmen und Protokolle aus der Nacht, hatten mehrere Zugänge zum benachbarten Bahnhofsgebäude gesperrt und trieben so die Menschenmassen in eine Sackgasse, die Opfer in die Arme der Täter. Ein grundlegender Fehler, der bei Massenveranstaltungen nicht passieren darf.

- Die Chiffre »Kölner Silvesternacht« wurde von Rechtsextremisten und weißen Feministinnen in Deutschland genutzt, um pauschal Stimmung gegen Geflüchtete und migrantisierte Männer zu machen. Plötzlich stand der Vorwurf im Raum: Sie alle wollen *unsere* Frauen vergewaltigen. Aus einem Dutzend Tätern wurden also *alle*. Die sogenannte »Alternative für Deutschland« nutzte und nutzt weiterhin diesen Rassismus für ihre Politik, Mitglieder aus allen anderen im Bundestag und den Landtagen vertretenen Parteien zogen nach. In Frankfurt am Main und anderen Städten erfanden Rechtsextreme Übergriffe auf deutsche Frauen durch nordafrikanische Geflüchtete. Die Silvesternacht von Köln fungierte so als Katalysator rassistischer Diskurse und Desinformation in Deutschland. Diese Rolle hätte jedes andere ähnliche Verbrechen ebenfalls spielen können. Es ist Zufall, dass es Köln an Silvester wurde. Viele politische Akteure warteten nur auf so einen Anlass, ihnen ging und geht es dabei nicht um den Schutz von Frauen.
- Ich habe mich entschieden, über die rassistische Hypersexualisierung des sogenannten Nafris, also des »nordafrikanisch aussehenden Mannes« und von Muslim*innen zu schreiben. In meinem zweiten Buch *Der weiße Fleck. Eine Anleitung zu antirassistischem Denken* widmete ich mich in einem ganzen Kapitel ausführlich diesem Thema am Beispiel *Refugee Porn*. Also von weißen Männern breit konsumierte pornografische Gewaltdarstellungen, bei denen geflüchtete Frauen und »arabische Männer« entmenschlicht und gedemütigt werden. Während meiner Recherchen in Köln und Casablanca im Jahr

2016 entstand die erste vage Idee für das Buch, das Sie in den Händen halten, in meinem Kopf.

Nachdem ich immer wieder in Köln unterwegs war, die Geschichte eines jungen Marokkaners erzählte, der nachweislich nichts in der besagten Silvesternacht getan hatte und dennoch im Gefängnis landete, erreichte mich ein Sturm der Entrüstung aus dem rechtsextremen Spektrum und der sogenannten »Mitte der Gesellschaft«. Was mir einfalle, *so jemanden* als Menschen darzustellen. So oder so ähnlich klang der Tenor der Zuschriften, nur viel vulgärer und rassistischer natürlich. Die meisten hängten sich an einer Passage in einer Reportage auf: Ich flog darin nach Casablanca, recherchierte dort in der Altstadt und erzählte die Geschichte eines jungen Mannes, der mehrfach vergeblich versucht hatte, ohne Papiere nach Europa zu migrieren. Er versuchte dabei nicht nur seinen Traum von einem besseren Leben für sich selbst zu erfüllen, sein Ziel war es, seine ganze Familie aus der Armut zu retten. Seine minderjährige Schwester, so hatte ich herausgefunden, prostituierte sich gelegentlich. Auch deutsche Touristen vergriffen sich an ihr.

Ein berühmter Reporter lud mich nach Erscheinen des Texts in sein Hamburger Büro ein, er wolle mir Feedback zu meiner Recherche geben, schrieb er mir in einer Mail. Ich dachte, dass es ihm wirklich um die Besprechung meiner Recherche ging, antwortete ihm mit einem »sehr, sehr gerne« und setzte mich kurze Zeit später auf einen Stuhl vor seinem Schreibtisch. Von Anfang an befand er sich in diesem Gespräch im Angriffsmodus. Er sprach zu mir hinab, obwohl er einen Kopf kleiner ist als ich. Was mir eigentlich einfalle, die Kölner Silvesternacht, die Vergewaltigung *deutscher* Frauen mit Prostitution in Marokko zu vergleichen, fragte er vorwurfsvoll. Ich versuchte ihm zu erklären, dass ich nichts vergleichen wolle und lediglich dargestellt hatte, was meine Recherchen ergeben hatten. Er war wütend, schüttelte den Kopf. Nichts, aber auch gar nichts hätte der Verweis auf die pädophilen Neigungen deutscher Sex-Touristen in Marokko in der Reportage verloren oder gar mit der ganzen Sache in Köln zu tun. Er habe schließlich auch eine Frau, und ich müsse nachvollziehen können, wie er sich bei der Lektüre meines Texts gefühlt habe. Wir konnten uns auf nichts einigen, ich verließ angewidert sein Büro – auch weil seine Gefühle in dieser Hinsicht absolut irrelevant waren und sind.

Während sich dieser Repräsentant der heteronormativ-toxisch-weiß-männlichen Zerbrechlichkeit in Rage sprach, verstand ich aber eines: Für einige weiße Männer wie ihn gilt Schutz vor sexualisierter Gewalt nur für ihre »eigenen Frauen«, nie für die anderen. Diese Konstruktion von »schützenswert« und »nicht schützenswert« macht es überhaupt möglich, dass einige Männer in Köln Frauen sexuell missbrauchten und andere Männer in Nordafrika komplette Narrenfreiheit genießen. Und genau darüber müssen wir als patriarchal geprägte Gesellschaften sprechen.

Much Loved

Internationale Flughäfen sind wunderbare Orte, um auf Menschen zu treffen, die man sonst nie sehen würde. Auch wenn sie gewöhnlich nur wenige Schritte von einem entfernt leben. So wie in Scharm el-Scheich hielt ich also am Flughafen Atatürk in Istanbul Ausschau nach interessanten Menschen. Der damals größte Flughafen der Türkei war für mich besonders spannend, weil aufgrund der lockeren Visa-Bestimmungen des Landes und den guten Flugverbindungen über dieses Drehkreuz viele Passagiere in den Nahen Osten und nach Nordafrika reisten. Und so dauerte es nicht lange, bis mir eine Gruppe von vier Marokkanerinnen ins Auge fiel. Sie warteten auf einen Flug nach Riad, die Hauptstadt von Saudi-Arabien.

Es ist komisch: Viele weiße Menschen denken, dass ich sie auf Französisch oder Deutsch nicht verstehe, viele Nordafrikaner*innen sehen mich und nehmen an, dass ich als *random* Pakistaner oder Inder kein Arabisch spreche. Es ist unfair und *creepy,* aber ich nutze diese Tarnung für meine Arbeit schamlos aus. Als ich die vier Frauen sah, wusste ich direkt: Es lohnt sich, ein wenig zu lauschen. Ich setzte mich also an ihr Gate und musste gar nicht so nah ran, weil sie ziemlich laut sprachen und lachten. An ihrem Auftreten, ihrer Gestik, der Art und Weise, wie sie Kaugummi kauten, ihrer vulgären Sprache erkannte ich schnell: Es waren vier Sexarbeiterinnen aus Marokko.

Sie diskutierten über ihre Kunden in Saudi-Arabien. Einer habe einen Schwanz so dick und lang wie ein Elefantenrüssel, sagte die eine. Die anderen drei Frauen beteuerten, dass sie ihr den Vortritt lassen würden. So ein Monstrum könne nur die Königin der Huren bändigen. »Ich bin da unten so weit wie das Tor zum Himmel, und jedes Mal, wenn er mir reichlich Trinkgeld gibt, werde ich noch weiter.« Außerdem stoße er vier, maximal fünf Mal und sei dann fertig. Sie lachte laut auf. Es schien so, als würden sich die vier Frauen selbst organisiert in Saudi-Arabien prostituieren. Die eine, die am meisten sprach, war definitiv die Anführerin der Gruppe. An ihren Handgelenken klimperten mehrere Goldreifen. Die Königin der Huren sprach nicht, sie machte Ansagen. Die saudische Gesellschaft sei eine ekelhafte, männerdominierte und scheinheilige Gesellschaft, sagte sie ihren Mitstreiterinnen. Vor den Kameras würden sie um die heilige Kaaba laufen, hinter den Kulissen harten Alkohol ausschenken, Frauen *und* Männer *und* alle dazwischen für Sex bezahlen. »Sie sperren ihre eigenen Ehefrauen ein und wollen doch nur andere ficken. Gut für uns! Dann ficken wir sie halt zurück.« Die Frauen klatschten sich ab. Dann begann das Boarding nach Riad.

Oft habe ich Horrorgeschichten von Marokkanerinnen gehört, die mit vermeintlichen Jobangeboten als Friseurinnen, Köchinnen oder Dienstmädchen in die reichen Länder des Nahen Ostens gelockt und dort zur Prostitution gezwungen wurden. Einer ehemaligen Schulkameradin ist so etwas Ähnliches passiert. Sie sollte als Krankenschwester in Saudi-Arabien arbeiten, so stand es zumindest im Vertrag zwischen ihr und einer Vermittlungsagentur. Sie wollte Geld verdienen, sich danach in Marokko eine eigene, selbstbestimmte Existenz damit aufbauen. Sie war voller Hoffnung auf ein neues Leben nach Dschidda geflogen, nur um herauszufinden, dass die Agentur Frauen aus Marokko systematisch ausbeutete und teilweise zur Prostitution zwang. Meine ehemalige Schulkameradin verstand bei Ankunft schnell, was ihr blühen würde. Da hatten sie ihr aber schon den Pass abgenommen und sie in ein Haus gesperrt. »Ich habe getan, was ich tun musste: Ich habe geschauspielert und meinen Verstand verloren«, erzählte sie mir. Sie habe sich absichtlich eingekotet, geschrien, sich die Haare ausgerissen. Sodass die Agentur, beziehungsweise die Männer, die dahinterstanden, entschieden, sie wenige Tage danach zurück nach Marokko zu schicken. Meine Bekannte arbeitet heute in einer marokkanischen Großstadt als Pflegerin in einem Krankenhaus. Ihr Fazit: »Es ist eine Milliarde Mal besser, in meinem eigenen Land würdevoll zu leben, als irgendwo im Ausland wie ein Tier behandelt zu werden.«

Marokkanerinnen wird im Nahen Osten nachgesagt, sie seien »billig und willig«. So bekam ich es von Männern in Doha, in Dubai, in Beirut, in Amman oder Tel Aviv erklärt. Nach Jordanien dürfen marokkanische Staatsbürger*innen zum Beispiel visafrei reisen, Marokkanerinnen zwischen 16 und 36 Jahren sind von dieser Regelung allerdings ausgeschlossen und müssen durch eine extra Prüfung. Die lockere marokkanische Moral sei eine Bedrohung für die traditionellen Werte Jordaniens. Obwohl auch Amman als Vergnügungsmetropole im Nahen Osten bekannt ist, man dort allerlei Dienstleistungen in Anspruch nehmen kann und diese scheinheilige Moral des jordanischen Staats nur eine Performance ist.

Doch es war in Kairo, wo mir dieses sexistische Vorurteil über Marokkanerinnen auf die skurrilste Art und Weise ins Gesicht gesagt wurde. Nach dem Militärputsch im Jahr 2013 war ich wie bereits erwähnt dort als Reporter unterwegs. Nach einer Straßenschlacht zwischen einigen Muslimbrüdern und dem ägyptischen Militär bin ich mit einer US-amerikanischen Kollegin an den Ort des Geschehens im Stadtteil Alf Maskan gefahren. Wir wollten uns die Ausmaße der Gewalt anschauen und darüber berichten. Doch wir waren für den Geschmack der ägyptischen Behörden zu früh dran. Als wir ankamen, brannten noch viele Barrikaden, die

Panzer waren noch in Stellung, die Einschusslöcher in den Fensterfassaden noch frisch, und Soldaten transportierten Leichen ab, es roch metallisch nach Ruß und Schießpulver. Kein Wunder, dass wir relativ schnell von einem Mann angehalten wurden, der sich als Mitarbeiter eines militärischen Geheimdienstes ausgab. Er zeigte einen Ausweis vor und bat mich für ein klärendes Gespräch beiseite. Er blickte skeptisch auf meinen marokkanischen Pass und meine Akkreditierung vom ägyptischen Informationsministerium. Dann sagte er: »Bei deiner amerikanischen Freundin wird es schwer, aber du weißt, dass ich dich locker ins Gefängnis werfen kann.« Ich nickte eingeschüchtert. Er fuhr dann fort: »Ich lasse dich unter einer Bedingung gehen: Das nächste Mal bringst du eine von diesen geilen Nutten mit, die ihr in Marokko habt. Den Marokkanerinnen wird ja nachgesagt, dass sie billig und willig sind.« Ich spielte das Spiel mit und versprach ihm gleich vier auf einmal, so wie in der ägyptischen Serie *Die Familie von Hadsch Metwalli*. Er lachte laut, klopfte mir auf die Schulter und ließ uns von Soldaten aus der Gefahrenzone abführen.

Die vier Frauen am Gate in Istanbul ließen sich aber partout nicht in das Klischee »billig und willig« einordnen. Diese Marokkanerinnen nahmen es mit dem saudischen und arabischen Patriarchat auf. Sie wollten es aussaugen, sich daran bereichern, es ficken, sie spielten das Spiel mit, aber mit ihren eigenen Regeln. Ich musste am Flughafen in Istanbul bei ihrem Anblick unwillkürlich an einen viel debattierten Film aus dem Jahr 2015 denken. Der franko-marokkanische Regisseur Nabil Ayouch hielt in *Much Loved* fest, wie sich in Marrakesch einheimische Prostituierte mit gierigen, gewalttätigen und dauergeilen Saudis abgeben müssen. Der Film wurde von der Zensurbehörde in Marokko verboten und ist bis heute nicht frei erhältlich und auf den Streaming-Plattformen im Land gesperrt. Trotzdem haben ihn alle längst auf DVD gesehen oder von russischen Servern heruntergeladen.

Die Hauptdarstellerin Loubna Abidar musste wegen »Much Loved« sogar das Land verlassen, weil sie von fanatischen Islamisten Morddrohungen erhielt. Dabei spielte sie im Film lediglich die Realität nach, die sehr viele Frauen und queere Menschen jeden Tag leben. Der Spielfilm dreht sich um vier Sexarbeiterinnen aus ärmlichen Verhältnissen und mutet eher wie eine Dokumentation an. Er zeigt realistisch, wie saudische Sex-Touristen marokkanische Prostituierte schlagen, sie demütigen, sich nicht nur ihre Körper, sondern auch ihre Menschenwürde erkaufen.

In einer Szene schmeißt einer der Saudis einen Diamantring in einen Pool und schickt die Frauen in einer Art Todeskampf auf die Jagd. In einer anderen Szene schlägt ein Saudi eine Sexarbeiterin brutal ins Gesicht. In wieder einer anderen Szene fordert ein Saudi die Frauen auf, wie Tiere in einem Zoo zu agieren. Denn für diese Männer sind Frauen nur Nutzobjekte. Schön anzusehen. Wegwerfprodukte. Doch die Frauen werden im Film nicht als Opfer dargestellt, sie sind Macherinnen, die sich um sich selbst und ihre Familien kümmern. Die Hauptdarstellerin Loubna Abidar ist selbst in einem Armenviertel mit vielen Prostituierten aufgewachsen, sie weiß, was es heißt, zu überleben. Sie weiß, sagte sie in einem Interview, wie stark diese Frauen und Queers wirklich sind, was sie aushalten müssen, wie sie sich vor den unzähligen Angriffen schützen. So wie die vielen schwulen Männer, die sich in den Dienst der Touristen aus den Golfstaaten und Europa stellen, lassen sich diese Frauen nichts vormachen. Dazu passt eine andere Szene aus *Much Loved*. Darin versteckt eine der Sexarbeiterinnen in ihrer Vagina ein Bündel Geld aus der Tasche ihres saudischen Peinigers. Sie nimmt sich einfach, was ihr zusteht. So wie die Königin der Nutten und ihre Kolleginnen, die alle selbstverständlich Businessclass flogen und deswegen zuerst zum Boarding gingen.

Der coole Salafist

Wie unterscheidet man eigentlich einen Muslimbruder von einem Salafisten? Easy! Während Muslimbrüder kurze Bärte tragen und den Moustache höchstens ein bisschen trimmen, rasieren sich Salafisten den Oberlippenbart ganz ab und lassen von den Ohren bis zum Kinn die Haare eher wild wachsen. Warum ist das wichtig? Weil Sie, wenn Sie in Kairo, Tunis oder Algier einen Büstenhalter kaufen wollen, besser immer zum Salafisten, nie zum Muslimbruder gehen sollten. Der Salafist hat größere Angst vor Allah, macht deswegen die ehrlicheren Preise und wird alleine mit einem professionellen Blick die richtige Körbchengröße erraten. Den maßgeschneiderten Service gibt es natürlich gratis dazu.

Ich habe mal richtig Ärger bekommen, weil ich ein langes Radio-Feature für den *Rundfunk Berlin-Brandenburg* mit dem Titel »Der coole Salafist« gemacht habe. Und das noch bevor Podcasts allgegenwärtig waren. Viele lasen einfach nur den Titel der Sendung, meinen Vornamen dazu und dachten: Die Islamisierung des Abendlandes wird in Deutschland nun offiziell mit dem Rundfunkbeitrag finanziert.

Ich war zuvor in den Jahren 2013 und 2014 mit dem Salafisten Mohammed Tolba in ganz Ägypten unterwegs gewesen. Er hatte sich damals als IT-Experte selbstständig gemacht, wusste aber von der Gabe seiner Glaubensbrüder, mit ihren Augen die Brüste von wildfremden Frauen unter einer dicken Kleidungsschicht zu scannen und dann einen perfekt passenden BH rüberzureichen. Er kicherte wie ein Schulmädchen, als er mir das erzählte. Ich staunte nicht schlecht. Er sei aber auch ein ehrlicher Händler, so wie der Prophet Mohammed es gepredigt habe, sagte er. Nur könne man seine Ware halt nicht anfassen.

Mohammed Tolba war für mich ungreifbar. Mit seinem weißen Rauschebart und noch weißeren Zähnen – weil viele Salafisten Zahnärzte sind und sie ihren Brüdern im Islam gratis die Zähne bleichen – war er für mich eher ein Rätsel, das ich unbedingt lösen wollte. Während der Aufbruchstimmung nach der Revolution im Jahr 2011 gründete Mohammed eine Gruppe zum interreligiösen Dialog auf Facebook. Er nannte sie »Salafiyo Costa«, nach einer bekannten Kaffeehauskette aus Großbritannien. Schlicht weil ihm die Idee zur Versöhnung der Salafisten mit anderen Muslimen, Christen, Juden und Ungläubigen während eines Cappuccinos in einer Costa-Filiale in Kairo gekommen war. Aus der Facebook-Gruppe wurde schnell eine große und bekannte Bewegung in Ägypten, mit Tausenden aktiven Anhänger*innen und Hunderttausenden Fans. Das Paradox: Westliche Konsumkultur und religiöse Toleranz passen so gar nicht zum Bild, das man von Salafisten hat. Wie auch? Wenn Salafisten überall auf der Welt Frauen zwangsverschleiern, Queers bekehren und Ungläubige töten wollen.

Aber dieser eine Salafist, der war halt anders, und er nahm mich mehrere Monate in seine Welt mit. Schnell merkte ich: Kapitalismus geht Hand in Hand mit einer orthodoxen Auslegung frühislamischer Lebensweisen, auf die Salafisten ja großen Wert legen. Mohammed hatte zum Beispiel ein neues Auto (so einen Stinkediesel aus Deutschland) gekauft und es mir stolz vorgeführt. Immer wenn ich mit ihm unterwegs war, platzte mein Bauch förmlich am Ende des Tages. Er bestand jedes Mal darauf, mit mir essen zu gehen, und ich habe noch NIE so viel in meinem

Leben in meinen Körper gestopft. Mit seinen zwei salafistischen Freund*innen aus Alexandria haben wir gefühlt das halbe Mittelmeer leer gefuttert. Wer sich jetzt ehrlos Axel-Springer-mäßig fragt: »Muss man nun bei Salafist*innen auch gendern?«, den muss ich leider informieren: Die zwei *Friends* von Mohammed waren ein Paar. Er war natürlich Zahnarzt – und schwul. Sie war Hausfrau und half ihrem Ehemann, seine sündigen Gedanken an gleichgeschlechtlichen Sex zu überwinden. Er wollte orthodox leben und suchte sich halt eine Frau, die ins Paradies kommen wollte, indem sie einen Mann vor der Lebensweise des Volkes von Lot aus dem Koran (und der Bibel: Das ist die Geschichte aus Sodom und Gomorrha) rettete. Ich kaute auf meinem Fisch und dachte mir nur: Meine Güte, was sind das denn für Salafist*innen? Ist diese Offenheit *cool* oder *problematic*?

Mohammed war richtig relaxed und lebte gleichzeitig wie im Jahr 35 nach islamischer Zeitrechnung. Nach mehreren Monaten durfte ich ihn sogar zu Hause besuchen, mit seiner Frau Doaa sprechen. Was für einen Salafisten eigentlich ein No-Go sein müsste: Ein außenstehender Mann sitzt mit seiner Frau alleine im Wohnzimmer. Sie hatte nämlich einem Interview nur zugesagt, wenn ihr Mohammed sich währenddessen um die Kinder kümmerte, damit sie sich auf das Gespräch mit mir konzentrieren konnte.

Doaa, Lehrerin und Frühpädagogin von Beruf, sprach mit mir hinter ihrem schwarzen Ganzkörperschleier. Ich sah nur ihre Augen. Wir hatten ein tiefsinniges Gespräch. Ihre beiden kleinen Töchter waren komplett in pink gekleidet. Mit ihren Einhornhaarspangen und Prinzessinnen-Tutus boten sie den größtmöglichen Kontrast zu ihrer Mutter. Als Mohammed seine Kinder endlich eingesammelt hatte und Doaa anfing zu sprechen, war mir schnell klar: In diesem Haushalt hat sie die Hosen an.

Wer ist hier der Boss?

DOAA: Im Haus bin ich der Boss. Mohammed soll ruhig sein

Ding mit »Salafiyo Costa« machen. Ich bin sowieso nicht aktiv mit dabei, aber ich beobachte das schon alles sehr kritisch. Ich habe mir am Anfang selbst alles angesehen und geschmunzelt. Habe mich gefragt, was die alle wollen. Ich habe zu viel zu tun, ich arbeite als Lehrerin und habe drei Kinder, das ist genug Arbeit.

Und was sagen andere Salafist*innen zur Lebensweise deines Ehemannes?

DOAA: Vor allem die Salafisten in meiner Familie mögen Mohammed gar nicht. Für die ist das kein wahrer Salafismus, was er lebt. Meine Mutter und mein Vater sind keine Salafisten, aber all meine Onkel und Tanten sind Salafisten.

Und du auch.

DOAA: Ja, wenn man so will. Ich sehe ja auch aus wie eine Salafistin (sie lacht). Es geht aber nicht um den Ganzkörperschleier oder den Bart, es geht ja beim Salafismus um andere Dinge. Auf jeden Fall wird Mohammed von der salafistischen Mehrheit in meiner Familie sehr kritisiert, und so werde auch ich logischerweise oft angegriffen. Und auch die Nichtsalafisten greifen uns an. Wir können es niemandem recht machen.

Ist das politischer Islam, was Mohammed da macht?

DOAA: Ich denke, dass Mohammed früher oder später einen wichtigen Posten bekleiden wird. Vielleicht nicht jetzt, aber ich weiß, dass er es machen wird.

Er bestreitet das aber immer und tut auf bescheiden, er wolle nicht in die Politik.

DOAA: Ach, Schwachsinn. Und wie scharf Mohammed darauf ist, in die Politik zu gehen! Mir sagt er auch immer, er wolle nicht, aber die Costa-Salafisten sollten ja auch nie ein großes Ding werden.

MOHAMMED *(er lugt durch den Türrahmen)*: Seid ihr fertig, darf ich wieder ins Zimmer?

DOAA: Nein, du bleibst schön im Nebenzimmer. Ich habe erst angefangen, die interessanten Geschichten zu erzählen.

Aus den politischen Ambitionen wurde für Mohammed nichts. Nach dem Militärputsch war es mit der politischen Offenheit in Ägypten vorbei. So etwas wie »Salafiyo Costa« durfte nicht mehr existieren. Für die Militärs ist die Idee des Dialogs einfach zu politisch. Mohammed fiel der Abschied von seinem Herzensprojekt allerdings leicht. Er hatte da schon seine eigene IT-Firma gegründet. Er nannte sie »Over Coffee Solutions«. Kapitalismus meets Islam. Spät erkannte ich aber, dass seine Frau Doaa eh die Hauptfigur dieser Geschichte war. Ich wollte sie an dieser Stelle unbedingt kurz vorstellen. Man sagt ja über verhüllte Frauen, dass sie keinen eigenen Willen besäßen, mehr Objekte als Subjekte und stets unterdrückt seien. Das trifft tatsächlich manchmal zu. Ich kenne Frauen, die unfreiwillig den Ganzkörperschleier tragen, viele, die ihn (manchmal nach langem Kampf) ablegen. Ich schlage dennoch vor, dass man das pauschale Vorurteil von der unterdrückten muslimischen Frau einer Betroffenen wie Doaa ins Gesicht sagt. Die Antwort könnte unverschleiert-erhellend ausfallen.

Beschneidung oder Verstümmelung?

So ein ehemaliger Kollege von mir hat sich einst fest vorgenommen, eine neue Beschneidungsdebatte in Deutschland anzustoßen. Nachdem im Jahr 2012 bereits über den jüdischen und muslimischen Ritus der Beschneidung von Jungen debattiert wurde, im Zuge dieser Debatte das Judentum und der Islam generell als »nicht kompatibel« mit »unseren Werten« markiert wurden, träumte der besagte Redakteur offensichtlich sehr oft von beschnittenen Schwänzen. Diese Art von Debatten war und ist für einige weiße Deutsche nämlich eine Möglichkeit, den tief sitzenden deutschen Antisemitismus und ihren antimuslimischen Rassismus auszuleben. Das Scheinargument des Kinderschutzes zog in der langen Geschichte der deutschen Judenfeindlichkeit immerhin schon mal erschreckend gut. Im späten Mittelalter wurden Jüdinnen*Juden zum Beispiel bezichtigt, Kinder zu töten und ihr Blut zu trinken. Um die Kinder vor ihnen zu retten, wurde die jüdische Minderheit überall in Europa verfolgt, vertrieben, vernichtet. Eine judenfeindliche Verschwörungstheorie, die bis heute zum Beispiel bei der rechtsextremen QAnon-Bewegung weiter bedient wird.

Jede Beschneidungsdebatte ist lediglich ein Proxy für: »Judentum und Islam wollen wir hier nicht.«

Der Kollege fing also eines Nachmittags an, mich über sehr intime Dinge auszufragen: »Wie ist es so, mit einem beschnittenen Penis? Denn es ist ja bekannt: Die Beschneidung macht den Penis weniger sensibel, und man spürt nicht mehr viel beim Sex.« Sein Text, in dem er gegen die Beschneidung von Jungen argumentierte, stand schon fest, als er mir das sagte. Er wollte aber noch mal »nachrecherchieren« und mit einem »Betroffenen« sprechen. In Deutschland gelten Nordafrikaner mal als Sexmaschinen außer Kontrolle, mal funktionieren ihre Krüppelschwänze nicht richtig. Die Rechten tun sich schwer, sich zu entscheiden.

Ich wurde sehr oft in Deutschland als Nafri gelesen und mit ähnlichen Debatten konfrontiert. Eine Kommilitonin an der Universität in Berlin behauptete mal (natürlich ungefragt und aus heiterem Himmel), dass man Jungen heutzutage ja gar nicht mehr beschneiden müsse. »Damals«, behauptete sie eher unpräzise, »war das aus hygienischen Gründen wichtig, wegen der Hitze und den eingeschränkten Möglichkeiten, sich da unten zu waschen. Heute ist Beschneidung nicht mehr nötig.« Einige Menschen machen es sich bei der Argumentation sehr einfach. Ich erklärte ihr, dass auch heute der menschliche Körper und damit jeder Penis – wenn alles gut läuft – eine Temperatur von so um die 37 Grad aufweisen müsste, und dass ich sie an ein beliebiges Herrenpissoir der Republik mitnehmen könne, wo sich laut meiner Feldforschung und vielen Studien weit mehr als die Hälfte der Männer nach dem Urinieren noch nicht mal (richtig) die Hände waschen, geschweige denn die Pipi-Reste unter ihrer Vorhaut beseitigen. Es geht hier aber nicht um Fragen der Hygiene, sondern darum, ob die anderen überhaupt als anders in der Diaspora oder sogar in ihren Ursprungsländern existieren dürfen.

Ich schaute den Kollegen also routiniert an, disziplinierte mich, ihn dabei nicht auszulachen, weil er so *desperate* versuchte, über die Schwänze der anderen eine Grundsatzdebatte anzustoßen. Ich versicherte ihm, dass bei mir alles sehr, sehr gut funktioniere und er sich lieber medizinische und psychologische Studien zum Thema durchlesen solle, anstatt ein Pseudo-Interview mit mir zu führen. Er war beleidigt und ging kommentarlos weg. Später erzählten mir andere Kolleg*innen, dass er der Meinung gewesen sei, dass ich mit meinem »sehr, sehr gut« lediglich habe provozieren wollen. LOL!

Zahlen der Weltgesundheitsorganisation und diverse Studien besagen, dass weltweit bis zu 40 Prozent der Männer aus kulturell-religiösen Gründen, gesundheitlicher Notwendigkeit oder aufgrund einer persönlichen Entscheidung beschnitten sind. In Nordafrika trifft das, soweit ich es überblickt habe, auf 100 Prozent der Männer zu. Eine wissenschaftliche Studie, die im *Journal of Sexual Medicine* veröffentlicht wurde, besagt, dass die Funktionalität des Penis durch die Beschneidung nicht beeinträchtigt wird. Eine andere repräsentative Studie bestätigt, dass 98,4 Prozent der beschnittenen Männer zufrieden mit ihrem Sexleben sind und keine negativen Erfahrungen, weder körperlicher noch psychischer Art, mit dem Eingriff verbinden. Und dann gibt es noch eine Metastudie der School of Medical Sciences der University of Sydney. Darin werden 2675 medizinische Forschungsprojekte zu diesem Thema untersucht. Ergebnis: Die männliche Beschneidung ist aus medizinischer und psychologischer Sicht unbedenklich. Manchmal sogar gesundheitsfördernd, zum Beispiel beim Schutz vor Infektionen oder vor sexuell übertragbaren Krankheiten.

Zur Wahrheit gehört allerdings auch, dass es (wenn auch nur wenige) Männer gibt, die nach ihrer Beschneidung unzufrieden mit ihren Körpern sind. Sie sind aus ästhetischen oder sexuellen Gründen mit ihrem beschnittenen Penis unglücklich, oder sie führen gar eine vorhandene Erektionsstörung auf die Tatsache zurück, dass ihnen die Vorhaut fehlt. Einige von ihnen versuchen mit medizinischen Eingriffen und Therapien, die Beschneidung rückgängig zu machen. Es tut mir sehr leid, dass diese Männer darunter leiden müssen. Ich kann letztendlich nur für mich selbst sprechen, wenn ich sage: Mir geht es persönlich sehr, sehr gut, und ich würde es auch nicht anders haben wollen.

Von meiner eigenen Beschneidungsfeier existiert noch eine alte VHS-Kassette. Darauf bin ich etwas erschöpft auf der Schulter meines Vaters zu sehen. Ich habe eine modische beige Dschellaba und einen kleinen bordeauxfarbenen Fes-Hut mit Baumel an. Als der Kameramann heranzoomt, entscheide ich mich, mit damals knapp zwei Jahren die größte Diva auf der Party zu sein: Ich kommandiere die Gäste herum, verlange nach einem Getränk und Süßigkeiten, winke schließlich meine Tante heran. Ich wollte mit ihr tanzen. Im Wohnzimmer meiner Mutter hängt ein großes, golden eingerahmtes Bild von mir nach der Beschneidung, lächelnd und glücklich sehe ich darauf aus. Glücklich, dass ich an dem Tag das unbestrittene Zentrum des Universums war. Männer halt.

Für einen meiner jüngeren Cousins, der erst mit sechs Jahren beschnitten wurde, war es allerdings schon ein traumatisches Erlebnis. Seine Eltern dachten einfach lange nicht daran und schoben die Zeremonie immer weiter in die Zukunft. Er hat also nicht so positive Erinnerungen an seine Beschneidungsfeier. Wegen solcher Erfahrungen haben viele Menschen in Nordafrika in den vergangenen Jahren umgedacht und sich gesellschaftlich auf einige Standards verständigt: Nur ausgebildete Ärzte führen die Beschneidung durch, je früher man die Vorhaut professionell entfernen lässt, desto verträglicher ist es für das Kind, und der frisch beschnittene Prinz hat das Anrecht, für immer eine Diva zu sein. Das wiederum birgt andere Probleme mit dem Patriarchat, die ich ja an mehreren Stellen dieses Buches versuche aufzuzeigen.

Im Islam und im Judentum, beide fest in der kulturellen Praxis Nordafrikas verankert, ist die Beschneidung klar festgelegt. In der Thora heißt es: »Beschnitten unter euch sei alles Männliche. Am Fleisch eurer Vorhaut sollt ihr beschnitten werden, das sei zum Zeichen des Bundes zwischen mir und euch. Mit acht Tagen soll alles Männliche unter euch beschnitten werden.« In den heiligen Quellen des Islams ist das so ähnlich festgehalten, nur dass Muslim*innen es nicht so streng nehmen mit den acht Tagen nach der Geburt. Ein Professor von mir meinte einst in einer Vorlesung zur politischen Ideengeschichte: Das Christentum ist so erfolgreich gewesen und hat sich rasant ausgebreitet, weil man dafür außer Nächstenliebe nichts tun musste, vor allem musste man nicht an Penissen schnippeln, um endlich ins Paradies zu kommen.

In Marokko, Ägypten oder am Ursprungsort des Islams, dem Hedschas im heutigen Saudi-Arabien, ist die Beschneidung von Jungen dagegen eine religiöse und kulturelle Pflicht. In weiten Teilen Nordafrikas war es zum Beispiel Tradition, dass Nachbar*innen den ein- bis dreijährigen Nachbarsjungen »klauen«, um ihn beim örtlichen Friseur (!) beschneiden zu lassen. In einigen wenigen ländlichen Regionen wird das weiter so gemacht, meist übernimmt aber medizinisches Fachpersonal diesen Eingriff. Danach gab es ein riesiges Straßenfest, und alle waren glücklich – inklusive der kleinen Diva, die plötzlich das Zentrum der Nachbarschaft war. Vielleicht waren die Eltern meines Cousins deswegen so *lazy*. Sie warteten einfach traditionell ab, dass jemand anderes die Arbeit für sie erledigen würde.

Der US-amerikanische Anthropologe Vincent Crapanzano reiste in den Siebzigerjahren mit seinem weißen Blick nach Marokko und schrieb dort unter anderem über die Beschneidung von Jungen. Er beobachtete dort Beschneidungszeremonien. Crapanzano beschrieb, wie Mütter ihre kleinen, frisch beschnittenen Jungen auf ihre nackten Rücken schnallten und die Kinder dabei schrien, weil der salzige, desinfizierende Schweiß der Mütter in der Wunde höllisch schmerzte. Crapanzano verbindet diese schmerzvolle Erfahrung mit einem Ödipuskomplex, den viele nordafrikanische Männer (letztendlich mit Sexarbeiter*innen) später im Leben ausleben würden. Ich finde diese Lesart ein bisschen an den Haaren herbeigezogen. Obwohl viele Nordafrikaner – laut Klickzahlen auf Pornoseiten – anscheinend wirklich auf MILFs stehen, ist Crapanzanos Interpretation etwas übertrieben und auch orientalisierend. Die Zeiten, in denen zur Beschneidung schmerzvolle Rituale gehörten, sind dank einer besseren Informationslage und klaren Gesetzen in Nordafrika für Jungen weitestgehend vorbei.

Viele Beschneidungsgegner bemühen dennoch ein weiteres Argument, wenn sie wieder mal eine dieser Debatten anstoßen wollen. »Dann kann man die Beschneidung von Mädchen gleich auch zulassen«, heißt es dann. Dabei geht aus Studien und unzähligen Erfahrungsberichten klar hervor, dass es so etwas wie »Beschneidung von Mädchen« nicht gibt. In dieser Hinsicht passt nur ein Wort: Verstümmelung. Es existiert weder im Islam noch im Judentum ein religiöser Text, der diese brutale Praxis rechtfertigt. In Marokko, Algerien und Tunesien wird die Verstümmelung von Mädchen und Frauen gar nicht praktiziert. Im multireligiösen Ägypten dagegen schon, dort und auch in anderen Ländern wie Sierra Leone, Somalia oder Äthiopien werden Mädchen und Frauen über religiöse Grenzen hinweg mit diesem brutalen Eingriff in ihrer körperlichen Unversehrtheit für ihr ganzes Leben verstümmelt. Davon sind muslimische, jüdische, aber auch christliche oder heidnische Communitys betroffen. Wenn das nächste Mal weiße Menschen in dieser Hinsicht also eine Debatte über Religion anstoßen sollten, lesen Sie ihnen gerne dieses kurze Kapitel vor und spenden Sie für lokale Organisationen, die sich gegen die Genitalverstümmelung von Frauen und Mädchen engagieren.

Alle bleiben in der Familie

Weil mein Bekannter Ahmed den ganzen Tag neben einem Fleischspieß verbrachte, hatten seine Haare, seine Haut, seine Kleidung den fettigen Geruch übernommen. Er hasse sein Leben, sagte er, als wir uns in einem Café im westfranzösischen Nantes trafen. Ahmed war Anfang dreißig, sah gut aus mit seinen kurzen Haaren, seinem markanten viereckigen Gesicht und seinen dezent betonten Muskeln überall am Körper. Er versuche sich, so gut es sein Job im Imbiss zulässt, zu pflegen. Er habe es vor unserer Verabredung aber nicht mehr nach Hause ins Dorf geschafft, um den Geruch seiner harten Arbeit abzuduschen.

Ahmed ist ein typischer junger Marokkaner: multilingual, mit Hochschuldiplom, motiviert zu arbeiten. Er wurde dennoch von seinem Land verstoßen, für ihn gab es einfach keinen Arbeitsplatz in der Heimat. Sein letzter Ausweg war die Hochzeit mit einer seiner Cousinen in Frankreich. Sie kannten sich nicht sehr gut, als sie fünf Jahre zuvor ihre Ehe mit einer riesigen Feier in Marokko begonnen hatten. Da war er erst 24 Jahre alt, sie ein Jahr älter. Die beiden hatten sich im Leben nur ein paarmal flüchtig gesehen, wenn sie mit ihrer Familie im Sommer zu Besuch in seiner Heimatstadt Fès gewesen war. »Ich kannte mich selbst nicht gut genug, geschweige denn diese fremde Frau.« Dennoch habe

Ahmed »Ja, ich will« gesagt, er habe schlicht keine Perspektive in Marokko gehabt, musste als einer von Millionen anderer Marokkaner*innen auswandern, um den Lebensmut nicht zu verlieren. Seine Mutter und ihre Mutter hätten außerdem die Ehe arrangiert, und der Prophet Mohammed sagte einst: »Das Paradies liegt unter den Füßen der Mütter.« Widerspruch galt nicht. Ahmed machte sich dennoch Vorwürfe, er hätte besser wissen müssen, dass es in seinem Fall nicht klappen konnte. Heute sei er nur noch verzweifelt. Er zögerte, mir den Grund für sein Unglück zu erklären. Dazu später mehr.

Es gibt einen Clan, der in der Menschheitsgeschichte Meister der Verwandtenheirat war: das Haus Habsburg. Die einst mächtigste Familie Europas regierte Jahrhunderte über Österreich, Spanien und viele andere Gebiete des Kontinents. Und die Habsburger*innen wollten partout nicht ihre Macht mit anderen teilen. Deswegen heirateten ihre Könige und Königinnen, ihre Prinzessinnen und Prinzen strikt innerhalb der eigenen Familie, bevorzugt Cousinen und Cousins. Über Generationen der damit verbundenen Fortpflanzung zwischen blutsverwandten Menschen bildete sich bei fast allen Habsburger*innen das »Habsburg Jaw Syndrome«. Jahrhunderte innerfamiliärer Eheschließungen sorgten dafür, dass die royalen Nachkommen mit länglich gezogenen, deformierten Kinnpartien zur Welt kamen, wie Wissenschaftler*innen vermuten. Das Habsburg-Kinn wurde bis zum Niedergang Anfang des 18. Jahrhunderts zum Markenzeichen der Dynastie.

Warum mache ich hier diesen Exkurs in alte europäische Monarchiegeschichte? Es gibt das Klischee, dass nur Nordafrikaner*innen oder generell Muslim*innen bevorzugt innerhalb ihrer Familien heiraten. Diese Praxis war und ist aber eben auch in anderen Gegenden dieser Welt präsent. Im US-Bundesstaat Utah praktizieren zum Beispiel viele Anhänger*innen des christlichen Mormonentums die Cousinen-Heirat, obwohl diese dort stark eingeschränkt und nur für über 55-jährige Partner*innen erlaubt ist. Dieses Gesetz soll sicherstellen, dass die Ehegatten nicht im gebärfähigen Alter sind. Die innerfamiliäre Eheschließung ist somit ein Thema, das neben anderen Regionen auch in Nordafrika allgegenwärtig ist. Der Islam verbietet explizit folgende Verwandte für die Eheschließung: die eigenen Eltern, Geschwister, Großeltern und Enkel, Tanten und Onkel, Nichten und Neffen, die eigenen Schwiegereltern und jene, die die eigene Mutter gestillt hat, sogenannte Milch-Geschwister. Eine Ehe mit der eigenen Cousine oder dem Cousin ist dagegen halal, also erlaubt.

In Marokko sind zum Beispiel 15,2 Prozent der geschlossenen Ehen laut einer Studie des Institut National D'Hygiène aus dem Jahr 2009 sogenannte Verwandtenehen unter Cousinen und Cousins verschiedenen Grades. Ich habe den Eindruck, dass diese Zahl seitdem abgenommen hat. So wie bei der Vielehe hat sich die Praxis geändert. Aktuellere Studien gibt es allerdings nicht. Daten aus anderen Ländern zeigen zudem: In ländlichen Gebieten heiraten Cousinen und Cousins häufiger als in den großen Städten.

Es gibt für diese Praxis vier Hauptgründe: Wahre Liebe (kann ja durchaus sein), traditionelle Familienkonzepte (sie kennen es nicht anders), vor allem in ländlichen Gebieten werden über Generationen mit diesen Ehen vererbte Besitztümer in der Familie gehalten (Kapitalismus, die erste), und die Heirat unter Cousinen und Cousins ermöglicht die Migration und die Familienzusammenführung in der Diaspora, meist im wohlhabenden Europa (Kapitalismus, die zweite). Die Fälle, die ich kenne, lassen sich meist in die pragmatischeren Kategorien einordnen, also jene, in denen es um das Erbe von Ackerland oder die Weitergabe eines roten EU-Passes und damit wirtschaftliche Stabilität geht. Gleichzeitig sind diese Ehen keine Scheinehen. Da versuchen wirklich zwei Menschen miteinander glücklich zu werden und eine Familie zu gründen. Pointiert formuliert: Es ist also der Kapitalismus, der hier den Weg der Liebe aufzeigt. Weniger die Tradition. Wirtschaftliche Kalkulationen und Fragen der Verteilung, so wie bei der Familie Habsburg, begünstigen Eheschließungen unter Cousinen und Cousins in Nordafrika.

So war es auch in Ahmeds Fall. Der Druck, aus seinem Leben etwas zu machen, war so hoch, dass er nicht auf sich selbst und seine Bedürfnisse gehört hat. Er folgte seiner Cousine in die westfranzösische Pampa, dorthin, wo man ohne Auto nicht vom Fleck kommt, zeugte mit ihr ein Kind, fing an, im Imbiss zu schuften. Er hoffte darauf, dass er dank seiner Cousine den *Reset Button* drücken könnte. Es kam aber anders.

Ahmed war sich nämlich nie sicher, ob er doch schwul ist. Er habe in Fès nie was mit einem Mann, generell keinen vorehelichen Sex gehabt. Auf der Toilette im Hauptbahnhof haben Handynummern mit Männernamen auf einer Wand gestanden. Daneben hatte jemand gekritzelt: »Schwuchteln zum Ficken.« Ahmed habe die Nummern gesehen und daran gedacht, eine Nachricht zu verschicken, es aber nie getan. »Irgendwann stand einfach fest, dass ich meine Cousine heiraten werde.« Seine Hände zitterten, als er das erzählte. In der Hochzeitsnacht habe es sich schon nicht richtig angefühlt, mit ihr zu schlafen. Aber es sei halt eine Pflicht, seine eigene Ehefrau zu befriedigen, so wie es der Prophet Mohammed gepredigt hat. Zum Glück sei sie schnell schwanger geworden, seitdem mache sie ihm weniger Avancen im Bett. Auch weil er freiwillig oft Nachtschichten schieben und gar nicht neben ihr liegen würde. Er möge seine Frau, Liebe sei es nicht. Er habe aber den Eindruck, dass sie ihn liebe, und es mache ihn fertig, dass er dieses Gefühl nicht erwidern könne.

Neulich sei er zum ersten Mal nach Paris gefahren. Seiner angeblich ahnungslosen Frau hatte er erzählt, dass er mit seinen Kumpels einen Wochenendtrip in die Hauptstadt unternehmen wollte. »Komisch, dass sie nur nickte, weil sie weiß, dass ich hier keine Kumpels habe.« In Paris habe er sich in eine schwule Bar gesetzt, und es habe nicht lange gedauert, bis ihn andere Männer angesprochen haben. Die Männer sahen aus wie er, einer hatte sogar denselben Namen. »Das Gefühl in meinem Bauch bestätigte mir, dass ich in meinem Leben einen großen Fehler gemacht habe.« Er war zurück nach Westfrankreich gefahren, ohne einen einzigen Männerkörper angefasst zu haben. Im Internet habe er danach mit Nordafrikanern überall in Europa Kontakt aufgenommen. Sie steckten wie er in ähnlichen Situationen, in unglücklichen Ehen, in einer Lebenslüge. Es seien viele, und viele kämen da nicht mehr raus.

Der zweite Trip mit »seinen Kumpels« führte ihn wieder nach Paris. Ein weißer Franzose flirtete Ahmed an, sie landeten in seiner Wohnung. Sie hatten Sex. »Doch auch das war ein Fehler.« Denn Ahmed erzählte seinem One-Night-Stand von seinem Leben, und der machte ihm Vorwürfe, ein richtig schlechtes Gewissen, er war danach noch unglücklicher als vorher. Schwule hätten in Europa nicht jahrzehntelang gekämpft, sagte der Mann, den Ahmed danach nie wieder sehen würde, damit »Leute wie du« nun ungeoutet ihre Ehefrauen anlügen. Dieser Satz stürzte Ahmed nur noch mehr ins Dilemma. »Ich habe einen vierjährigen Sohn, was soll ich ihm sagen? Dein Vater lutscht gerne Schwänze?«

Ahmed hatte sich entschieden, dass er seine Ehe auf unbestimmte Zeit unglücklich weiterführen würde. Gegenüber seiner Familie, seiner Ehefrau und Cousine habe er die Verantwortung, dass »dieses Projekt« nicht scheitere. Sein Sohn solle es besser im Leben haben.

Es ist überall auf der Welt Glücksache, in welches Umfeld queere Menschen geboren werden. Manche Familien sind superoffen und stolz auf ihre Kinder, egal, wie sie sind oder sein wollen, bei anderen funktioniert das Prinzip *Don't ask, don't tell* wunderbar, wieder andere, so wie in Ahmeds Fall, tolerieren keine Abweichung vom patriarchalen Plan: Vater, Mutter, Kind.

Einige Queers suchen sich dann neue, sichere Räume, um zu überleben, manchmal gar neue Familien. Man nennt sie *chosen family,* selbst gewählte Familie. Das ist fast überall so, in Nordafrika nicht anders. Meine Schwester war für einen schwulen Kommilitonen eine Zeit lang die *chosen family*. Als ich nach meinem Umzug nach Deutschland zwischendurch wieder für ein paar

Tage in Marokko war, nahm mich meine Mutter zur Seite. Sie erklärte mir, dass meine Schwester nun die ganze Zeit mit diesem einen »Schwuli« aus ihrer Hochschule abhängen würde. Mein Vater sei zunächst *not so amused* gewesen, dass die ganze Zeit so ein junger Mann bei uns im Haus verkehrte – bis ihm meine Mutter erklärte, dass da nichts laufen könne. Mein Vater soll laut gelacht haben. Ich wunderte mich hart über die tolerante Facette meiner Eltern. Nachdem mir meine Mutter alles erzählt hatte, setzte ich mich an meinen alten Computer in meinem Zimmer und machte den Browser auf. Als ich auf die Leiste klickte, in die man die Internetadressen eingibt, klappte die Historie der kürzlich besuchten Webseiten auf: Eine lange Liste mit schwuler Pornografie und Chaträumen erschien auf dem Bildschirm. Meine Schwester ließ ihren Kumpel in meinem alten Kinderzimmer schauen, was er wollte, und ich freute mich aufrichtig für ihn, obwohl er einen sehr konventionellen Pornogeschmack hatte. Seine eigene Familie, erzählte meine Mutter, sei nicht besonders tolerant. *Chosen family* rettet überall auf der Welt Leben, manchmal braucht es nur ein paar unbeschwerte Momente, die Seelen entlasten, manchmal braucht es aber Schutz bei akuter Gefahr.

Als mitten in der Coronapandemie Konservative in ihren Familien und in ihrer Nachbarschaft Jagd auf Queers machten, flüchteten viele Schwule, Lesben, bisexuelle und trans Menschen zu ihren *chosen families*. Einige mieteten kurzfristig Wohnungen an, sammelten Spenden, gaben Informationen weiter, versteckten besonders bedrohte Queers. Ich würden mir wünschen, dass Ahmed irgendwann auch so eine Familie findet. Nach unserem Treffen schrieb er mir auf WhatsApp, bedankte sich, dass er sich seinen Frust einfach mal von der Seele hatte sprechen können. Dann deaktivierte er seinen Account. Seitdem habe ich keinen Kontakt mehr zu ihm.

Angst essen Seele auf

Als ich den Film *Angst essen Seele auf* des deutschen Regisseurs Rainer Werner Fassbinder aus dem Jahr 1974 zum ersten Mal gesehen habe, dachte ich: Das könnte auch zum Teil die Geschichte meines Vaters sein. Ein marokkanischer Gastarbeiter, der in einer deutschen Großstadt (im Film ist es München) herumirrt, mit Prostituierten schläft, sich ins Koma trinkt und zwischendurch für das deutsche Wirtschaftswunder schuftet, ja, das könnte wirklich mein Vater gewesen sein. Tatsächlich weiß ich von ihm selbst, dass er vor seiner Ehe mit meiner Mutter – wie er es nannte – ein sündiges Leben in der Diaspora führte. »Ich habe so viele Haram-Dinge in Deutschland getan«, sagte er mir im Vater-Sohn-Urlaub, als es so schien, dass sich Vater und Sohn schon alles gesagt hatten. »Frankfurter Bahnhofsviertel«, schob er nach. Er war in dieser Zeit ja in erster Ehe verheiratet, sah seine Frau aber äußerst selten, weil er im fernen Deutschland den Lebensunterhalt für die Familie auf dem Dorf verdienen musste. Zwischen den Schichten in der Fabrik ging er in eine Bar am Bahnhof, so wie Ali aus dem Film.

In *Angst essen Seele auf* erzählt Fassbinder die Geschichte der Münchner Witwe Emmi Kurowski, die sich in den deutlich jüngeren marokkanischen Gastarbeiter Ali verliebt. Ihre Kinder lachen sie aus, als sie von der Beziehung ihrer Mutter zum Ausländer hören. Als Emmi »den Ali« tatsächlich heiratet, um mit ihm in ihrer Mietwohnung legal leben zu können und um sich vor dem toxischen Tratsch der Nachbarinnen zu schützen, herrscht nur noch Wut in der deutschen Familie. Emmis Sohn zertrümmert den Fernseher, die Mutter hat Schande über die Kurowskis gebracht. Emmi aber liebt den Ali, sie tröstet sich mit ihm, erzählt ihm die Geschichte von ihrer Mitgliedschaft in der NSDAP, dass sie nichts gegen das Menschheitsverbrechen getan hat, im Gegenteil auf der Seite der Täter*innen stand. Emmi entschuldigt sich nicht für ihre Kollaboration, sie will einfach nur vergessen, sich entlasten, und Ali hilft ihr dabei. Mit seiner Zärtlichkeit, seinen kindlichen Worten, die von einer Ausländergrammatik, einer Kanak-Sprak geprägt sind. »Viel denken, viel weinen«, sagt Ali zu seiner Emmi. Und: »Angst essen Seele auf!« Deswegen solle sie keine Furcht verspüren. Er umarmt, tröstet sie mit seinem Körper, schläft mit und neben ihr, aber weiterhin auch mit anderen Frauen. Obwohl zwischendurch sein »Schwanz kaputt« ist, bleibt der Marokkaner der Frauenheld und die tratschenden Nachbarinnen kommen zwischendurch vorbei und fassen den Ali überall an. Wie Vieh, das man auf einem Markt inspiziert.

Angst essen Seele auf wird bis heute als antirassistisches Manifest gefeiert. Zu unrecht, wie ich finde. Die Darstellung reflektiert zwar die damalige Lebensrealität einiger nordafrikanischer Männer in der Diaspora, doch erfährt man so gut wie nichts über diesen Ali, der im Film nur mit Vornamen existiert. Er ist oft im Bild, und dennoch taucht er nur als Statist auf. Seine Geschichte, warum er nach München kam, wen er begehrt, wie er sich in seiner eigenen Sinnkrise zurechtfindet: Das bleibt alles ein Geheimnis. Emmi, die deutsche Hauptdarstellerin, steht im Mittelpunkt. Ali, der in einer Szene mit seinem beschnittenen Penis im Zimmer vor einer seiner Sexpartner*innen steht, bevor das Licht ausgeht, dient nur als Projektionsfläche für Deutsche. Das kann durchaus als realistische Darstellung gewertet werden, es sagt aber auch viel über den Blick auf die Körper von Nordafrikanern und generell allen anderen aus. Ali wird vom Schauspieler El Hedi Ben Salem, dem damaligen Lebensgefährten von Rainer Werner Fassbinder, gespielt. Im Film bewegt Ben Salem lediglich seine Lippen, Fassbinder ließ seine Dialoge von einem deutschen Schauspieler synchronisieren. Angeblich um sie verständlicher und zugleich authentischer nach Ausländer klingen zu lassen.

Vor wenigen Monaten sah ich den Kurzfilm *Angst Essen* des Filmemachers Ming Wong im Kino. In der Low-Budget-Produktion persifliert Ming Wong Fassbinders berühmten Film und nimmt selbst die Rollen aller Charaktere aus *Angst essen Seele auf* ein, spielt einige berühmte Szenen in der Bar oder im Bett nach. Er wechselt zwischen den Geschlechtern, zwischen den Nationalitäten und auch dem Alter. Ming Wong kann gar kein Deutsch, und so klingen plötzlich alle Rollen authentisch nach Ausländer. Ich habe sehr gelacht, der Kurzfilm hat mich tief beeindruckt und inspiriert, dieses Buchprojekt anzugehen, indem ich Stereotype aufnehme, erforsche und die Menschen, um die es geht, so darstelle, dass ich ihnen hoffentlich annähernd gerecht werde. Es geht nicht darum, jemanden mit dieser Darstellung glücklich zu machen, eher möchte ich alle gleichermaßen als Subjekte begreifen, zu Wort kommen lassen und einfach sagen, was ist.

Damals, im Vater-Sohn-Urlaub, habe ich meinem Vater auf seine Offenbarung über sein sündiges Leben als Gastarbeiter im Frankfurter Bahnhofsviertel nichts erwidert. Was hätte ich schon sagen sollen? Heute ist es zwar zu spät, ich antworte ihm aber trotzdem: Es ist okay, Baba.

Testosteron!

Der korrupteste Ort, an dem ich als Journalist in meinem Leben je aufgeschlagen bin, ist das Regierungsviertel von Wien. Die Wege sind kurz, das ausländische Kapital sprudelt, hier machen die Despoten dieser Welt mit ihrer Buchhaltung gerne Rast. Einflussreiche Männer aus Nordafrika und dem Nahen Osten lassen sich hier *avec plaisir* mit dicken Aktentaschen blicken. Die Tatsache, dass Wien ein Zentrum der weltweiten Korruption ist, wusste ich, bevor die rechtsradikale FPÖ im Ibiza-Sumpf unterging. Damals, im Frühling 2019, wurde ein Video aus dem Jahr 2017 geleaked, das führende Köpfe der damaligen Regierungspartei in einer Villa auf der spanischen Mittelmeerinsel Ibiza zeigte. Sie schnüffeln Koks und flirten mit einer vermeintlichen russischen Oligarchin, die sich später als Lockvogel einer durchgeplanten Kampagne herausstellte. *On tape* versprechen die Rechtsradikalen der Fake-Oligarchin alles, was sie in Wien wollte, wenn sie ihnen nur ein bisschen Geld zuschieben würde. Die Koalition in Österreich zerbrach an diesem Skandal, Bundeskanzler Sebastian Kurz konnte aber in einer neuen Koalition mit den Grünen nahtlos mit seiner Politik weitermachen.

Wenige Wochen vor diesem Skandal war ich mit der damaligen Außenministerin Österreichs zum Interview verabredet. Ich wollte ein Porträt über die Politikerin schreiben, das wegen eines Skandals nie erscheinen sollte. Karin Kneissl, die sich dem starken Wladimir Putin anscheinend verpflichtet fühlte und heute als Aufsichtsratsmitglied des russischen Ölkonzerns Rosneft und als Gastautorin für den Propaganda-Sender *Russia Today* tätig ist, empfing mich in ihrem prächtigen Büro am pittoresken Minoritenplatz im Herzen Wiens. An die Wand hinter ihrem Schreibtisch hatte sie Ölporträts von Erzherzogin Maria Theresia und ihrem Gemahl Franz Stephan von Lothringen aufhängen lassen.

Kneissl war zwar parteilos, wurde für den Posten der Außenministerin aber von der rechtsradikalen FPÖ nominiert. Die österreichische Buchautorin und »Nahostexpertin« war mir schon gut bekannt. Einige Jahre vor diesem Treffen hatte ich ihr Buch *TESTOSTERON MACHT POLITIK* rezensiert. Darin beschreibt sie, warum es in Nordafrika und im Nahen Osten im Jahr 2011 zu den Aufständen gegen die (von Europa so geschätzten) Diktaturen gekommen war. Hier ein kleiner Auszug aus meiner Rezension:

Wenn Liebe durch den Magen geht – so könnte man es flapsig formulieren –, geht Freiheit durch den Schwanz. Gehen wir aber erst mal einen Schritt zurück und schauen uns Kneissls Argumentation genauer an. Ihre These geistert immer wieder durch die (pseudo-)sozialwissenschaftliche Welt: Männer, die keinen Sex haben, suchen sich ein alternatives Ventil, manchmal halt in Revolutionen. So könnte es in der Französischen Revolution gewesen sein, so war es anscheinend bei den Aufständen des »Arabischen Frühlings«, so wird es auch in Asien passieren, wo der Männerüberschuss, so ist die Autorin überzeugt, in Zukunft die gleichen geschlechtsspezifischen Mechanismen auslösen wird. Folgende Aussage stellt die Autorin an den Anfang und in das Zentrum ihres Kapitels zu den arabischen Revolutionen: »Wir haben unsere Freiheit wieder, wir können jetzt heiraten!« Kneissl zitiert damit ihre – wie sie schreibt – vielen Gesprächspartner auf dem Tahrir-Platz nach dem Sturz von Husni Mubarak und sieht darin eine Bestätigung ihrer These: Sexfrust führt bei Männern zur Revolte.

Mit dieser gewagten These, die durchaus auch andere »Expert*innen« in Europa und Nordamerika vertreten haben, wurde die wichtige Rolle von Frauen bei den Revolutionen in ganz Nordafrika und vielen Ländern im Nahen Osten unsichtbar gemacht, die tiefen sozialen und historischen Brüche in den Gesellschaften wurden damit weggewischt, die (post-)kolonialen Dynamiken negiert. Letztendlich wurden die couragierten Demonstranten mit der Testosteron-These entmenschlicht. Alle Nafris als »sexuell frustrierte Männer« zu brandmarken ist weder wissenschaftlich noch publizistisch zielführend, diese Erkenntnis nahm ich in das Büro von Karin Kneissl mit und fragte sie, wie sie als Außenministerin mit ihrer eigenen These Politik mache. Mit hormongesteuerten Wesen könne sie sich ja schlecht diplomatisch austauschen.

Als ich diese Frage stellte, legte sich ein großer Boxerhund auf den Teppich im Büro. Er schaute mich mürrisch an. Ich hatte großen Respekt vor dem Tier, das auf den Namen Winston Churchill hört, was die Verehrung Kneissls für den ehemaligen britischen Premier ausdrücken soll. Für seine Stärke und Zielstrebigkeit und Manneskraft. Churchills Testosteron ist gutes Testosteron, Churchills Männlichkeit ist gute Männlichkeit. In meinem Kopf kam da natürlich die Frage auf: Und was ist jetzt mit den überschüssigen Hormonen bei all diesen Arabern? Sind das schlechte Hormone?

Kneissl wich meiner Frage aus, natürlich sei Testosteron nicht der einzige Faktor, erwiderte sie. Vielleicht wusste sie also selbst, dass ihre These Bullshit war, und dennoch hat sie das passende Buch dazu publiziert und ihre »Expertise« nun ins Außenministerium eines Landes getragen, das sich gerne als neutraler Vermittler profiliert und doch nur Partner für übermännliche Diktaturen sein möchte. Wir konnten das Thema »TESTOSTERON MACHT POLITIK« nicht vertiefen, die Zeit war schnell vorbei, und Karin Kneissl hatte dazu eh nicht viel zu sagen. Einige Wochen später, nach der Ibiza-Affäre, die das Porträt der mittlerweile Ex-Außenministerin obsolet machte, meldete sich ihr damaliger Sprecher bei mir, beschwerte sich, dass aus dem Interview nichts geworden sei. Ich versprach ihm, dass da noch was kommen wird. Voilà.

Frei in Casablanca

Nach einer langen pandemiebedingten Reisepause und nachdem ich vollständig geimpft war, machte ich mich auf den Weg nach Casablanca, um dieses Buch zu schreiben. Ich wusste intuitiv, dass ich den Trubel dieser Stadt brauchte, um die vielen Gedanken in meinem Kopf, die Geschichten in meinen Tagebüchern zu ordnen. Mit Blick auf die wuseligen Straßen von Casablanca vom Balkon meiner Ferienwohnung im Zentrum der Stadt aus, den virtuosen Hupkonzerten im Ohr und dem Geruch der Meeresbrise kombiniert mit den Abgasen alter Autos in der Nase konnte ich mich auf das Wesentliche konzentrieren: als Autor den Menschen hier und anderswo in Nordafrika gerecht zu werden. Zumindest nachts konnte ich mich tatsächlich voll und ganz aufs Schreiben konzentrieren, hatte noch nicht mal die Chance für »Recherchen« in einen der vielen Stripclubs oder Bars im Zentrum. Denn als Corona-Schutzmaßnahme galt eine landesweite Ausgangssperre zwischen 21 und 6 Uhr. Noch nie hatte ich Casablanca zuvor bei Nacht menschenleer gesehen.

»Normal« erlebte ich diese Stadt zuletzt Ende 2019. Ein Bekannter schleppte mich kurz vor Mitternacht in einen Innenhof, wo sich eine Bar befand. Man konnte von der Straße im Stadtzentrum aus in das Etablissement reinschauen. Deswegen servierte man hier den Alkohol nicht in Flaschen mit Logos, sondern in neutralen Gläsern. Mein Bekannter schubste mich leicht, machte eine Bewegung mit seinem Kopf nach links. Dort, am Nachbartisch, saß ein junger, unscheinbarer Mann. »Das ist ein Cousin des Königs. Wenn wir Glück haben, nimmt er uns mit auf eine Palastparty.« Wir kicherten. Man erzählt sich, er habe ein First-Class-Abo bei der staatlichen Fluglinie Royal Air Maroc. Egal wohin er fliegen wolle, er müsse einfach ins Flugzeug steigen, so wie wir in ein Taxi. Unsere Versuche, uns an den Prinzen heranzurobben, scheiterten. Er verschwand mit seinen eigenen Freund*innen kurz nach Mitternacht. Und so blieb uns nichts anderes übrig, als uns wieder mit den Normalsterblichen an unserem Tisch zu begnügen.

Ich kannte die meisten Personen nicht, ich war auch mit Abstand der Älteste in der Runde. Die drei Jungs und drei Mädels waren Anfang zwanzig, so wie mein Bekannter. Ich war Anfang dreißig – aber jung geblieben. Sie tranken und rauchten Haschisch und baten darum, die Musik lauter zu stellen. Einer der Jungs versuchte den Tanz zu imitieren, der mich als Jugendlicher im Stripclub in Rabat hypnotisiert hatte. Er wusste, dass er superlächerlich dabei aussah, und hatte deswegen riesigen Spaß. Eine der jungen Frauen an unserem Tisch feuerte ihn lautstark an. »Unser schwuler Freund kann mit seinen Hüften besser umgehen als ich«, sagte sie zu mir und gab mir einen Klaps auf meinen Schenkel. Sonst ist an dem Abend nicht so viel passiert.

Kurz vor dem Morgengrauen sind wir alle nach Hause gegangen. Ich hatte fast den identischen Weg zu meinem Hotel wie eins der Mädels, das ich ja gerade erst kennengelernt hatte, zu sich nach Hause. Wir fuhren zusammen mit der ersten Straßenbahn, und sie nickte mehrmals fast ein. »Hast du keine Angst, dass dir jemand etwas antut?«, fragte ich. »Männer sind Hunde. Aber soll mich einer von denen ruhig anfassen, dann breche ich ihm halt den Arm«, sagte sie. Außerdem habe sich bisher immer ein anderer Mann gefunden, der sich für sie in eine Prügelei stürzte. »Sollen die Männer sich gegenseitig totschlagen. Wenn sie noch nicht mal mehr Manns genug sind, mit mir zu flirten oder mir einen Orgasmus zu verschaffen, sollen sie sich doch die Fresse polieren.« Sie lachte dieses Lachen, das ich nur von betrunkenen Menschen kenne. »Und was ist mit den Bärtigen?« »Niemand nimmt die mehr ernst«, antwortete sie. Gut so.

Ich bin ja in der marokkanischen Provinz Ende der Neunziger und in den 2000ern aufgewachsen, wo – wenn nicht gerade *Moussem* war – auf den Straßen nicht so viel lief. Ja, am jüdischen Friedhof gaben sich die Jungs gegenseitig Blowjobs, und in dunklen Gassen befummelten sich die frisch verliebten Pärchen, aber öffentlich und für wirklich alle sichtbar war damals nichts. Frauen, die rauchten oder Alkohol tranken, galten als vom Glauben abgefallen. Männer mussten mit dem Sportverein getarnt nach Hajeb fahren, um etwas Körperkontakt zu erwerben. Seitdem ich Marokko im Jahr 2007 fürs Studium verlassen hatte, kehrte ich im Schnitt jedes Jahr einmal zurück. Und jedes Mal waren die Menschen hier ein Stück weiter, zumindest nicht da, wo ich sie beim vergangenen Besuch verortet hatte. Sie tinderten plötzlich alle, heirateten über das Internet jemanden in einem fernen Land. Meine Cousine lernte auf muslima.com einen konservativen Kurden in Schweden kennen, zuvor hatte sie tausendundeinen Freund in Marokko durchgetestet. Jedes Mal, wenn ich zurückkam oder auch anderswo in Nordafrika reiste, merkte ich: Vor allem die jungen Menschen versuchen sich in einem Balanceakt zwischen den alten Normen der Kernfamilie und ihrem intrinsischen Verlangen nach Freiheit und körperlicher Selbstbestimmung. Natürlich haben viele heterosexuelle Paare mittlerweile vorehelichen Sex, obwohl dieser unter Strafe steht. Bei Bedarf schiebt sich die Frau halt in ihrer Hochzeitsnacht eine kleine Kugel mit roter Farbe in die Scheide. So merkt der Ehemann gar nicht, dass er nicht ihr erster Sexualpartner ist. Alle *happy* machen ist sehr einfach.

Nachdem ich die zehnte Klasse abgeschlossen hatte, kam uns meine ältere Schwester besuchen. Sie war längst wieder zurück nach Deutschland gezogen und machte nun Urlaub mit ihrem weiß-deutschen Ehemann und ihrer besten Freundin Nadine. Ich begleitete sie auf einen Kurztrip an den Strand, und im Hotel sagte uns der Rezeptionist, ich könne mir nicht mit Nadine ein Zimmer teilen: Unverheirateten Marokkaner*innen sei es gesetzlich nicht erlaubt, das Zimmer mit einer für sie heiratsfähigen Person zu teilen. Ich musste letztendlich mit meinem Schwager aufs Zimmer, und wir machten Witze, dass das marokkanische Gesetz anscheinend kein Problem mit Schwulen und Lesben habe.

Und heute? In meinem Ferienapartment mitten in Casablanca machte mich mein Gastgeber als erste Antwort auf meine Buchung im Netz auf das noch immer geltende Gesetz aufmerksam, dass ich keine Frauen in die Wohnung einladen dürfe. Nur um mir über die Haushälterin später mitteilen zu lassen, ich könne machen, was ich wolle. Hauptsache, ich sei nachts nicht zu laut.

Im Park, in dem ich diese letzten Zeilen tippte, lag links neben mir im Gras ein (auf den ersten Blick) frisch verliebtes junges Paar. Sie streichelten sich und schauten sich gegenseitig tief in die Augen. Sie wussten, was sie öffentlich machen konnten und wofür sie sich lieber ein Ferienapartment besorgen sollten. Rechts von mir picknickte eine Familie ganz nach konservativer Vorstellung: Vater, Mutter, zwei kleine Kinder. Die Eltern sahen erschöpft aus. Und erst drei Tage zuvor hatte ich an dieser Stelle eine Gruppe Queers gesehen, eine*r von ihnen hatte sich wie eine Dragqueen elegant herausgeputzt und sich geweigert, sich in seinem beigen Designeroutfit aufs Gras zu setzen. Seine Freund*innen hatten Witze über seine Eitelkeit gerissen.

Es ist nicht immer garantiert, oft muss man dafür kämpfen und sich behaupten, aber es ist halt auch nicht ausgeschlossen, dass jede*r einen Platz in den Gesellschaften Nordafrikas findet. Patriarchale Gewalt, feministische Freiheit, starre Konventionen, sture Selbstbestimmung: Es ist ein ständiges Ringen, das die Gesellschaften Nordafrikas in Bewegung hält. Man kann sie nicht pauschal in eine Richtung deuten, dafür sind sie zu divers. Mit einer Geschichte, die so manche Europäer*in verwundert, einer Gegenwart, die sogar mich staunen lässt, immer wenn ich die Region bereise, mit einer Zukunft, die noch einige Überraschungen bereithält, da bin ich mir sicher.

Während die Sonne über Casablanca aufging, fuhren wir mit der ersten Tram des Tages vier oder fünf Stationen. Wir verpassten unser Ziel, weil wir so ins Gespräch vertieft waren. Also liefen wir eine Station zurück. Sie stützte sich an mir ab, weil sie zu betrunken war, um gerade laufen zu können. Dann kamen wir an eine Kreuzung. Sie musste nach rechts abbiegen, noch etwa zehn Minuten weiterlaufen, mein Hotel lag links direkt an der Kreuzung. Sie verabschiedete sich von mir mit einem übertriebenen Kuss links, einem Kuss rechts auf meine Wange, sagte, sie fände mich sehr süß. Sie wünschte mir eine gute Nacht und warf mir noch ein paar Luftküsse zu. Ich bot ihr an, sie nach Hause zu bringen. Sie schüttelte den Kopf, wenn ihre Eltern, insbesondere ihre Mutter, mich sehen würden, bekäme sie riesigen Ärger. »Es reicht, dass ich sturzbetrunken erst nach Sonnenaufgang wieder zu Hause aufkreuze«, sagte sie, »ein neuer Typ vor der Tür wäre zu viel.«

Ich schaute ihr noch einen Moment lang nach, wie sie betrunken durch Casablanca torkelte.

Epilog

Oh my
*f*******
Allah!

Ich kann es kaum glauben, dass ich dieses Buch tatsächlich geschrieben habe. Eine arabische Floskel lautet aber: Im Glauben gibt es keine Scham. Heißt: Alles muss auf den Tisch oder aufs Bett oder wo man es halt gerne treibt. Egal ob in engen Unterhosen auf Instagram zur Schau gestellte Nafri-Schwänze, sexpositive Folklore-Tänze aus Marokko, schlüpfrige Filmchen aus Algerien, tunesische Salafisten, die gegen ihre Überzeugungen überteuerte Kondome verkaufen oder der anstrengende Heiratsmarkt in Ägypten. Dies alles und noch viel mehr gehört zum Alltag der Menschen am südlichen Mittelmeer. Es war für mich eine große Herausforderung, überhaupt zu entscheiden, was ich warum erzähle. Und was nicht. Und natürlich erhebe ich mit diesem Buch keinen Anspruch auf Vollständigkeit, denn Sex in Nordafrika und im Nahen Osten ist, wie wir gesehen haben, ein dermaßen vielschichtiges Thema, dass eine Betrachtung, die Anspruch auf Vollständigkeit erheben würde, so etwas wie ein schlecht vorgetäuschter Orgasmus wäre.

Ich habe in den mal kurzen und mal längeren Kapiteln dieses Buchs für mich und viele andere Menschen schwierige Themen aufgeworfen: die aktive Diskriminierung von sexuellen Minderheiten, den Druck der Heteronormativität auf *alle* Menschen in den nordafrikanischen Gesellschaften, Einsamkeit in der Diaspora, eine toxische, rücksichtslose Männlichkeit, koloniale Gewalt gegen Frauen, islamistische Weltbilder von vorgestern, traumatisierende Vergewaltigungen, allgemein ein grassierender Machtmissbrauch durch Einheimische und Ausländer. Was mir sehr am Herzen lag und liegt: Die Betroffenen dieser Phänomene – die ja viele andere Menschen über Nordafrika hinaus berühren – nicht als Opfer, sondern als Subjekte zu begreifen und darzustellen. Ich hoffe sehr, dass es mir gelungen ist.

Und dann war es mir natürlich auch wichtig, diesen Text beim Schreiben zu genießen. Ich habe mich zumindest über mich selbst manchmal gewundert und die Pluralität Nordafrikas gefeiert. Ich hatte sehr großen Spaß und hoffe, dass Sie auch – auf neue Ideen – gekommen sind.